读懂投资　先知未来

舵手汇

www.duoshou108.com

定本酒田战法

【日】林辉太郎 著

靳明媛 译

山西出版传媒集团
山西人民出版社

图书在版编目(CIP)数据

定本酒田战法 /(日)林辉太郎著;靳明媛译. --
太原:山西人民出版社,2016.10
 ISBN 978-7-203-09044-1

Ⅰ.①定… Ⅱ.①林… ②靳… Ⅲ.①股票交易—基本知识 Ⅳ.①F830.91

中国版本图书馆 CIP 数据核字(2015)第 167884 号
著作权合同登记号　图字:04-2015-025

定本酒田战法

著　　者:(日)林辉太郎
译　　者:靳明媛
责任编辑:李建业
出 版 者:山西出版传媒集团·山西人民出版社
地　　址:太原市建设南路 21 号
邮　　编:030012
发行营销:0351-4922220　4955996　4956039　4922127(传真)
天猫官网:http://sxrmcbs.tmall.com　电话:0351-4922159
E-mail　:sxskcb@163.com　　发行部
　　　　　sxskcb@126.com　　总编室
网　　址:www.sxskcb.com
经 销 者:山西出版传媒集团·山西人民出版社
承 印 者:三河市京兰印务有限公司
开　　本:710mm×1000mm　1/16
印　　张:14.25
字　　数:178 千字
印　　数:6101-11100 册
版　　次:2016 年 10 月　第 1 版
印　　次:2021 年 4 月　第 3 次印刷
书　　号:ISBN 978-7-203-09044-1
定　　价:46.00 元

如有印装质量问题请与本社联系调换

序

四十年前，我初涉股市之时，便知道了K线，继而学习了各种K线法。

凡是听说过的、见过的K线书我都想尽办法尽可能搞到手，其中包括经典的道氏理论、点线图（Point and Figure），还有一些作者自费出版的书目。古语有"汗牛充栋"，用这个词来形容我收集的K线书应该不为过。这些书种类繁多、流派各异，有理论研究的，有基于统计历史数据的，甚至还有荒诞搞怪的，可以说是千奇百怪，无所不有。

这其中当然也包括各种版本的酒田K线法。但不得不说的是，历来"酒田K线法"甚嚣尘上，人们多有所耳闻，但谁都没有见识过它的庐山真面目。而且对于此法，人们向来众说纷纭，各立山头著书立说，因此也出现了各种版本，真伪难辨。

在这些版本中不乏精品良作，但也有不少狗尾续貂之作，甚至还有恶搞取乐的，可以说花样百出，莫衷一是，所以说并没有定本可言。

为了更好地还原酒田K线法，更好地让大家接触到酒田K线法的精髓，我系统地整理、统合了市面上流传的各种版本，取其精、去其粕，所以有了这本书——《定本酒田战法》。

所谓酒田K线法，就是指导人们怎样通过经验的积累，根据股市已有的变动进而决定自己的买进和卖出。而道氏理论是首先对未来股市的大趋势做出判断进而进行交易。

　　检验一种K线法是否真实有效，最好的方法莫过于将此法应用于实践，是亏是盈，计算损益，经受多年股市实战的考验方可。理论固然重要，但是实战中统计出来的收益率，更容易使人们信服。因为收益才是人们关注的焦点，才是人们进行交易的目的。

　　米市在江户时代逐渐兴盛起来。

　　在贝尔·比尔（Bell Bill）《商品投机》一书中，曾有这样的记载："职业化投机，早在几百年前的日本就已经确立。"正如此书所言，卖空买空，追加保证金继续交易等各样的投机行为在16世纪的日本就已出现。当时日本正值锁国时期，与海外交流甚少，所以可以断定日本的贸易投机并不是受国外的影响，而纯属本土自然发育。

　　股市上的交易日渐兴盛，而精巧适用的交易技法也随之呼之欲出。

　　外国的技法仅限于对股市的判断，而酒田K线法不仅限于此，它还可以指导人们实践中的买卖活动。

　　但是要注意，活跃在股市上的每个人的实际情况是不同的，他们的资金量不同，他们的喜好不同，还有各自擅长与不擅长的交易方法。所以说技法并不是万能的，同一个基准、同一个规则并不适合股市上的每个人。就如同和服，优雅、端庄，但每个人的相貌、身材、体型不同，并不是所有人穿上都能展现出她的美。

　　股市投机、商品投机归根结底都是投机。我们在股市上的投资从某种意义上来说也是一种投机，但是投机的风险明显大得多。要想使投机转换为投资，我们所需要的是交易技法的支撑。

　　那么面对市面上林林总总众多的交易技法，该怎样选择？我觉得首先应该进行整体、系统的考察然后再做出选择。一部成熟的技法必须经过长年的股市实践、数据统计，然后再基于实践进行反复的修正才能日渐成熟，趋于完美。

序

最终我把目光锁定在酒田K线法上。此K线法能够将股市变动和交易行为紧密结合,透过纷繁复杂的股市变动,及时准确地指导下一步交易行为。还曾经写入了国外教科书,得到了广泛的赞誉。当然,这里所说的酒田K线法是指真正的酒田K线法,不包括那些简简单单靠"买线""卖线"来追市逐利的狗尾续貂之作。

我斗胆将酒田K线法进行了系统性的整理统合。在这本书中您可以拨云现月般抓住酒田K线法的本质,还可以学习到如何看待股市变动,怎样进行有效的实战交易。

酒田K线法一直以来都以一种传说的姿态出现,再加上我自身学识浅薄,本书中未免有一些疏漏不备,不周之处请不吝赐教。

本书原稿载于1975~1980年的业界杂志。连载之时,曾得到了三泽卓郎先生的大力帮助和支持,在此再次表示感谢。三泽先生时任小豆市场交易员,时值大阪举办酒田战法30年纪念之际,曾自费出版了《规范酒田战法规则》,实乃可敬。

此次应同友馆之邀再次出版此书,实感荣幸,在此表示真诚的谢意。

林辉太郎
1991年11月

目 录

第一章　酒田K线法概要 ……………………………… 1
　1. 酒田和本间宗久 …………………………………… 1
　2. 酒田K线法的特色 ………………………………… 4
　3. 酒田K线法概要 …………………………………… 8
　4. 买卖实践的基本 …………………………………… 12
　5. 顺势而动,逆流而上 ……………………………… 14

第二章　酒田新值 ……………………………………… 17
　1. 酒田新值计算方法 ………………………………… 17
　2. 酒田新值的统计 …………………………………… 26

第三章　线和线的组合 ………………………………… 35
　1. 日足的内容 ………………………………………… 35
　2. 日足的解释 ………………………………………… 38
　3. 股价波动的持续性 ………………………………… 51
　4. 日足组合 …………………………………………… 57

5.更进一步地研究日足组合 …………………………………… 64

6.日足组合和型 ………………………………………………… 68

第四章　买线的型 … 73

1.型的形成 ……………………………………………………… 73

2.通行本中典型的型 …………………………………………… 74

3.通行本中的矛盾所在 ………………………………………… 75

4.对传统的肯定 ………………………………………………… 77

5.自我反省 ……………………………………………………… 78

6.逆势和顺势 …………………………………………………… 83

7.大底的型 ……………………………………………………… 87

8.脱离 …………………………………………………………… 97

9.小底时的买线 ………………………………………………… 101

10.底的特点 …………………………………………………… 105

11.上涨中途的下跌 …………………………………………… 109

12.滞跌和逆变 ………………………………………………… 113

第五章　卖线的型 … 119

1.卖线与上升趋势中下跌回调时的买线的区别 …………… 119

2.阴线筑顶 ……………………………………………………… 120

3.形似阳阴相交的顶 …………………………………………… 122

4.买入上涨 ……………………………………………………… 123

5.上下影线的顶 ………………………………………………… 127

6.下跌过程中回调形成的小顶的特征 ………………………… 130

7.三手和五手 …………………………………………………… 131

8.回光返照线 …………………………………………………… 133

9.高价补进和回光返照 ………………………………………… 135

10. 暴跌前的平静 ……………………………………… 137
11. 交易量较少的型 …………………………………… 138
12. 鲇鱼和鲤鱼 ………………………………………… 140

第六章　酒田买卖法

1. 通行本的谬误 ……………………………………… 143
2. 重视买卖技法 ……………………………………… 144
3. 酒田新值具有很高的准确率 ……………………… 145
4. 短线买卖 …………………………………………… 147
5. 酒田新值的两个侧重点 …………………………… 148
6. 小底买入 …………………………………………… 149
7. 顺行 ………………………………………………… 151
8. 触底前 ……………………………………………… 152
9. 探底 ………………………………………………… 153
10. 五次反弹，三次跌 ………………………………… 154
11. 着眼于当前 ………………………………………… 155
12. 第五个新值最重要 ………………………………… 156
13. 13个以下阴线新值的反复 ………………………… 157
14. 建仓的规定 ………………………………………… 158
15. "股市行情三世图" ………………………………… 159
16. 从酒田K线法的组织结构到平仓操作 …………… 161
17. 买卖的记录 ………………………………………… 162
18. 买卖谱 ……………………………………………… 164
19. 试探股 ……………………………………………… 167
20. 一体的头寸 ………………………………………… 168
21. 本股逆势建仓 ……………………………………… 169
22. 平仓 ………………………………………………… 170

23. 检讨卖出策略 …… 172
24. 有效值幅 …… 173
25. 对冲 …… 175
26. 对冲头寸的应用 …… 176
27. 对冲头寸的目的 …… 178

第七章 强弱观和预见性 …… 181

1. 强弱观 …… 181
2. 抓住酒田的特征 …… 182
3. 接受的前提 …… 183
4. 期货的预见性 …… 184
5. 暴跌之前 …… 185
6. 强势变动、弱势变动 …… 187
7. 期货的暴跌 …… 187
8. 期货先卖 …… 189
9. 期货的上涨 …… 191
10. 暴跌的前兆 …… 193
11. 强势之时 …… 194
12. 触顶前的期货 …… 196
13. 典型的顶 …… 198
14. 确定预见性 …… 200

第八章 酒田K线法研究 …… 203

1. 研究方法 …… 203
2. 本间古作 …… 204
3. 不同的流派 …… 205
4. 研究和练习 …… 206

目　录

5. 排除空论 …………………………………………… 207
6. 再谈酒田新值的统计 ………………………………… 209
7. 切勿纸上谈兵 ………………………………………… 210
8. 误解和赞誉 …………………………………………… 211
9. 一步一个脚印地往前走 ……………………………… 212

后　记 ……………………………………………………… 215

第一章
酒田K线法概要

1. 酒田和本间宗久

酒田K线法有许多异名,如酒田足、酒田日足、酒田见法、本间见法等。可以看出,这些异名大多是由酒田(地名)或本间(作者姓氏)和表示买卖技法的名词构成。下面我们从这些称呼开始介绍以下酒田K线法的基本常识:

①足就是足迹,股市变动的足迹,是一种记录股市的方法。

②日足就是股市一天的足迹,通过这种标记方法将股市一天的走势描绘出来。通过日足我们可以清楚地获知一个交易日的开盘价、收盘价、最低值和最高值。

③酒田是古代出羽国一带,现在山形县酒田市。江户时代米市兴盛,遂在此地建立了酒田米会所。

④见法是指见解,这里是指对股市强弱的见解的规范,或者是说对股市买卖定的基准。

⑤本间当然就是指"本间宗久"。传说本间宗久著有《本间宗久遗训》《三昧传》。

从以上几点我们大概可以归纳出,所谓酒田K线法就是指酒田的

定本酒田战法

本间宗久创立的、用日足记录米市走势,并通过日足判断米市强弱进而规范买卖技法的一种方法。

这种说法广泛被世人接受,但是细细揣摩其中似乎有些问题。

首先,酒田K线法与本间宗久到底有无直接的关系。遗憾的是对于这一问题至今没有明确答案。研究专家表示二者之间极可能并不存在任何直接关系。

其次,所谓酒田K线法,酒田是发祥地这一点确定无疑。但是这并不能表明日足、买卖技法也是在此处发明的。

酒田港原本为庄内地区(日本山形县沿海地区,主要包括酒田市和鹤冈市——译者注)的稻米发货港口,因此缘由,酒田港在小范围内颇有名气。1672年西航路(从东北地区顺对马暖流而下,经关门海峡进入濑户内海的一条航线。此航线经过酒田——译者注)开辟后,酒田港的名气逐渐增大。

据说本间家很久以前就拥有大型的仓库,用来存放从小佃农手中收购来的稻米,但这个"很久以前"恐怕最早也应该是江户时代(公元1603年到公元1867年)末年了吧。

大阪的岛堂米市经政府正式批准是在1730年。据说在此之前大阪的淀屋米市就已存在,但具体创办年代不详。不管怎样,当时大阪地区的交易形态还比较零散,极不完备,开盘、收盘、最高值、最低值这些术语也还未出现,日足的使用就更不用提了。据说本间宗久曾到过大阪,在岛堂米市赚取豪利,但是具体时间却不详。

如果说本间宗久生于1717年,殁于1803年,日足的出现和使用恐怕应该是在本间宗久去世之后的事情吧。

"本间宗久并没有过操盘手的经历"。

从本间宗久的身世看,我们有以下疑问:

第一章 酒田K线法概要

①本间家在后期虽然有所衰落，但其财力仍然远远超过一个藩主，仍属于富豪阶层。当时的阶级地位是按照士农工商划分的，当时的豪门望族普遍对从商嗤之以鼻。试问，身为贵族的本间宗久有可能从商吗？

②学术界认为，本间家是通过对佃农的榨取，比如从小佃农手中低价收购稻米高价卖出获取高额利润。还有通过使用折价的米券（米券是一种信用票据，米券可以在任意米仓兑换稻米，类似中国古代的票号——译者注）聚财成富的。

③本间宗久后期移居江户开始从政，颇有些政商结合的色彩。但是我们却未能从当时其他政治家的记录中证实这一点。

④本间宗久曾通过捐官取得相模都守的职位。这样做意欲何为？这样做怎么都不像是一个全身心投身交易买卖的人所为。

在本间宗久的著作上我们也有不少疑问：

根据《酒田人名录》记载，本间宗久著有《本宗莫那剑一卷》一书。但这本书究竟所载何事，是否与米市相关，仅从书名上我们无法做出任何判断。

还有传言，本间宗久著有《本间宗久遗训》一书。此书对于米市有颇多独特的见解，非常重视季节性的变化对米市的影响，对于现货和当季收成也有颇多的记载，但是并未对期货做过多的叙述。

宗久的弟子葛冈五十香是庄内鹤岗人，传说著有《三昧传（三位问答）》。在此书竟然出现了V型、W型等英语字母表示的股市变化形态，怎么看都像是后世的续笔，极端地说似乎完全出于后世之手。

石川善兵卫被认为既是本间宗久的弟子，也是葛冈五十香的弟子，著有《石川翁验录》。传说他1887年殁于东京，时年63岁，这样算来他是在本间宗久去世后21年才出生的（本间宗久于1803年去世),而传说葛冈五十香比本间宗久年长,这样算来年代上根本无法契合。多数研究专家也表示本间宗久极有可能根本就没有投身过米市博取豪利。

尽管如此,这并不表示酒田K线法的价值有丝毫减少,酒田K线法的价值还是非常值得肯定和学习的。

2. 酒田K线法的特色

国际社会普遍对酒田K线法有很高的评价。但目前来说酒田K线法的身世还是一团迷雾,比如酒田K线法的发明时间,是否是在酒田米会所创始并发展起来的等,都是未知数。

当时日本正处于闭关锁国时期,所以此法为日本国内独自首创是毫无疑问的。还有一点可以肯定的是,酒田K线法广泛传播后,后人又进行了加工和续笔,在内容上有了一定变动。

酒田K线法有多个版本,如果将这多个版本概括提要,不难发现酒田K线法的特色:

①使用日足;

②阴线阳线用长方形的实体来表示;

③通过阴阳线、上下影线来判断市场的强弱;

④判断市场强弱时以酒田新值[①](阳线新值,阴线新值)作为依据;

⑤通过酒田新值确立买卖技法;

⑥大体来讲缺乏对市场大趋势的判断;

[①] 新值,指新高、新低,本书中使用的称呼方式是阳线新值、阴线新值,这符合酒田战法的命名体系和使用规则,后文有详细解释。

第一章 酒田 K 线法概要

⑦完全没有对市场的数值的预测。

从以上可以看出,酒田 K 线法和许多国外的 K 线法颇为不同。为了更深刻地理解酒田 K 线法和国外 K 线法的区别,我们首先将国外 K 线法做一简单介绍。

(1) 国外技法注重市场大趋势

首先,国外的 K 线理论(以道氏理论为例)一般将市场的波动分为三种(如图 1 所示):

①每日变动;
②由每日变动构成的上、下的趋势变动;
③市场总体趋势。

每日变动从价格上来看时高时低,看起来就像一条波浪。不可过度在意每日的涨跌,因为我们买卖的主要目的是依靠对市场的大势变化决定交易行为从而赚钱的。一味追求市场当下暂时的形势,势必会频繁地买进卖出,而股市最忌频繁买进卖出。

由每日的变动构成的上、下的波动趋势也可以称为中期波动,是将每日的波动连接起来构成的一条曲线。这样看起来市场趋势更加明了,被认为是最具股价观测价值的曲线。

将中期波动曲线中每日最高值、最低值分别逐一连接起来会得到两条线(即图 1 锯齿状图形中的虚线)。这两条线反映了股市中多空双方之间的力量对抗,决定股市的发展走向。

由中期波动中最高值、最低值连接而成的两条线的中心线即为表示市场总体趋势的趋势线。从图 1 中的每日变动和中期波动也可以看出股市的大体走势是向上发展的,这就是市场总体趋势。

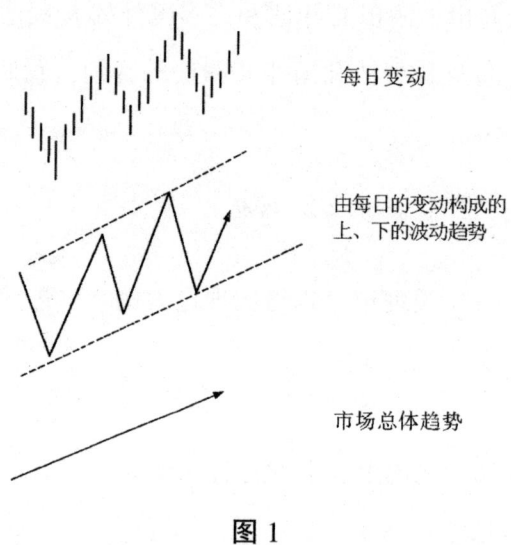

图 1

中期波动只在判断市场总体趋势时有意义,所以说根本没有赶上中期波动这么一说。投资者投身股市最重要的原因莫过于要低买高卖来赚钱,要想达到这个目的就必须顺应市场总体趋势。而作为判断市场总体趋势的重要依据就是中期波动。

如果要顺应市场总体趋势,通俗的说是炒长线,早一天、晚一天的买或卖不会造成大的影响。而且下面几种微观的技法也不适用于炒长线。

①作为试探,进行小额度的交易;
②根据自己资金量的不同采用不同的买卖方法;
③采用分割买入法获取平均值。

(2) 酒田 K 线法注重交易技法

使用 K 线法的目的不外乎两种:

第一章 酒田K线法概要

①判断股市走势，走高还是走低；

②以此为依据决定买卖方法。

酒田K线法属于后一种目的。

"以史为镜，可以知兴替。"如同这句古语所言，通过历史，我们可以推测事物的兴衰更替，以往的经历、见识对于我们有很大的指导作用。股市上也相同，历史数据非常重要。

不管哪种K线法都重视历史数据，只是重视程度有所不同。从理论上讲，不同的K线法有不同的侧重：

A. 完全以市场总趋势为主；

B. 根据情况设立适合自己的目标；

C. 只致力于当下和可预测的短期范围。

国外的图表法是以A为基础的，B是波段顶底的预测法。这两种方法的相同点就是二者都忽略股市的当前动态。与此相反，酒田K线法非常重视在可预测的短期内的市场波动，并且力求抓住这一走向顺势而上，同时尽可能地将这一优势扩展到中期波动。

如果将股市波动分为大、中、小三波，酒田K线法对于这三种波的处理原则是：

- 仔细研究分析每个小波，积累经验；
- 用心理解每个中波，并以抓住中波为最高行动目标；
- 大波为中波的长期积累，所以只要把握好中波，就可以在宏观上把握好大波。

要想把握好每个小波，精细的交易技法是不可或缺的。在此，我介绍一种已经发展到很高水平的交易技法——建玉法，建玉法是酒田K线法的一个重要组成部分。

3. 酒田 K 线法概要

（1）日足的形式

日足分为阴线和阳线。关西一些地区在收盘价上画箭头，箭头朝上代表阳线，箭头朝下代表阴线。由于阴阳线都用同一种颜色标注，极不易于辨别，所以我们不用这种标注方法。我们将要采用的是易于辨别、易于判断的标注方法，这也有利于我们后面要讲的酒田新值。

收盘价高于开盘价即为阳线，如图 2 的 A；反之即为阴线，如图 2 的 B。除了阴线和阳线外，还有一种情况就是由于开盘价和收盘价相同，形成了十字星形，如图 2 的 C、D 和 E。不同的是 D 的下影线长一些而 E 的上影线长一些。这些日足反映的是多空双方的力量的对比，从影线的长短也可以看出双方的力量对比。

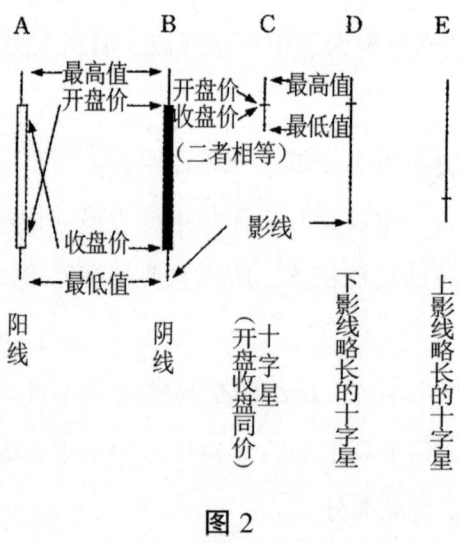

图 2

第一章 酒田K线法概要

接下来我们进入如何理解、如何使用日足。

（2）酒田K线法缺乏理论的支持

对于K线的解读，简单说来大体可以分为3种：

①倚形；

②倚势；

③倚力。

道氏理论主要是倚势和倚力，其中又以倚势为重。对于一个毫无股市经验初涉股市的新手来说，图表所描绘的大致走势会给出一个直观的方向性的感受。这种直观的判断虽然没有经过复杂精密的计算来佐证，但却是一种非常可靠的判断依据。道氏理论就是对这种直观的感受予以理论上的支持而已。

而酒田K线法完全没有理论上、数学上的支持。虽然如此，酒田K线法在实践中却显示出了极大的实用性。通过计算机进行精密计算时，如果遗漏其中任何因素，没有考虑进去，计算出来的结果将会有很大的偏差。所以与其如此，从图表中得出的直观的感受岂不更准确？

我们投身股市的目标是获取利润，而股市要求的精度也不那么高，所以单纯的直观的感觉对于炒股来说也非常有效。对于日足来说也是如此，直观的感受很重要。

酒田K线法高度重视形势的逆转。这是因为从股市的本质上讲，必须考虑资金、交易量、判断失误后的补救方法等。所以按照酒田K线法，要想成为下一个巴菲特，我们必须依靠①的形和③的力，以日足为主要判断依据，不断积累经验，这样才能在股市上立于不败之地。

(3) 酒田 K 线法的特质

从股市的三种波动上来讲,酒田 K 线法有以下 3 个特质:

①对于市场的总体趋势,无需繁杂的计算或验证,只需用肉眼观察日足的推移以及由此形成的总体概观即可。

②对于中期的趋势变动,要给予高度重视。通过酒田新值的计算方法判断波动为顺行还是逆行。若为顺行波动,判断多空双方力量的对比;若为逆行波动,利用建玉法进行买卖。

③对于每日变动,观察每日变动以及日足组合,并由每日的日足变动观察顺行波动、逆行波动、暴跌时的形态、反弹时的形态、酒田新值的出现等。除此之外,还要洞察隐形的市场心理,有效运用自己的资金。

总的来说,酒田 K 线法就是观察日足以及日足组合,然后加以分析指导实践交易,并逐渐使之规范化、系统化。

很多对股市的分析都需要股市的统计资料:

直接资料,如汇率市价变化、成交额、成交量;

间接资料,如各国经济指标等。

但这种分析只停留在见解、说明阶段,并没有指导实践如何操作。像酒田 K 线法这样具有指导实践意义的技法属首例。

用一句话概括酒田 K 线法的特质,那就是运用日足,通过独特的酒田新值的计算方法和日足组合,指导具体实践活动。

【注】

在国外的 K 线术语中似乎没有顺行、逆行这两个词汇。

这两个词最初出现在中国清代的白银市场,并在多数行情书中运用。逆行具体来说就是,在上升趋势中,持续的涨势中出现的暂时下跌回调即为逆行;对于下跌趋势来说,持续的下跌趋势中出现的短暂上升反弹即为逆行。在上升趋势中的上升,或在下跌趋势中的下跌就是顺行,简单来说就是与当前趋势相一致的变动即为顺行,反之则为逆行。

(4) 日足的使用方法

我们通过图3来讲解日足的使用方法。

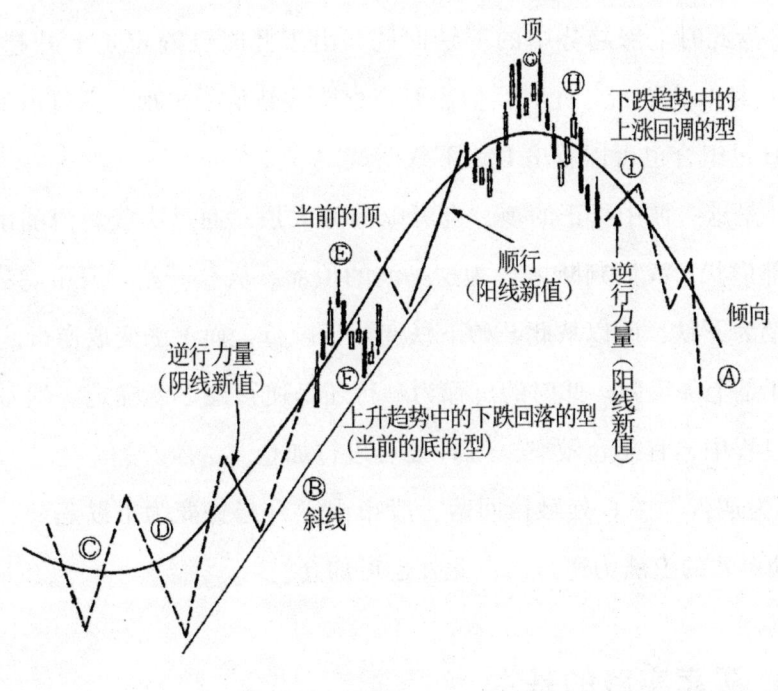

图3

A线是一条平缓的曲线,也就是所谓的"趋势线"。通过对图3

整体的观测，能够用肉眼"扫描"出这条线即可，不必刻意画在图中。

在某些图表中斜线 B 线偶尔会出现，但一般来说并不受重视。

假设在此之前是持续下跌趋势，C 短暂的上扬是否是上升趋势的开始，目前来说还无法判断，所以 C 是否是当前下跌趋势的逆行，D 是否为顺行还无法确定。但是以酒田新值的出现作为转折点，我们可以判断出 C 为上升趋势的顺行，而 D 为逆行，此时股市开始触底反弹。此时，我们需要观察阳线新值的出现以及触底时的日足组合。

E 是当前的顶。此时，我们需要观察此处的日足组合以及阳线新值的出现。

F 为此时上涨趋势中的下跌回调。由于此时已确定是上升趋势，所以 E 到 F 为逆行。此时我们需要观察阴线新值的出现。而且由 F 附近的日足组合也可以看出 F 为下跌回调。

G 是这一波中真正的顶，也可以称为大顶。通过阴线新值的出现和顶部形状，我们判断出 G 为这一波的顶部。从 G 开始，股市趋势由上升变为下跌，所以从此开始下跌变成了顺行，而上涨变成逆行。

H 是上涨反弹。此时的反弹为顺行还是逆行还不能确定。到 G 为止的过程中，宜建仓做空，到 H 处可进行加仓。

I 为逆行。在 G 处触顶回落，股市由上升趋势变为下跌趋势，所以 I 处短暂的上涨为逆行。在此处也可加仓。

4. 买卖实践的基本

目前买卖技法目类繁多，但一般来说不管是其他国家还是日本，最基本的思路为：

第一章　酒田K线法概要

触底，行情看涨，买入；

触顶，行情看跌，卖出。

但严格来说这并不能算为买卖技法。

这种思路仅仅说触底买入，并没有具体谈到触底之际到底应该如何买入，比如使用多少资金量，买入多少手，确切的数字并未提及。比如说跑十公里的马拉松比赛，如果单纯说"跑十公里马拉松"，这对于运动员没有任何指导意义。我们需要说明开始时怎样跑、步伐如何、怎样呼吸、怎样摆臂等，给出具体的指示才算对运动员有指导意义。

同理，说到买入的时候，只有具体考虑到所拥有的资金量，明确说明开始时采用什么样的手法、怎样获得平均收益、损失确定后如何处置等才算是买卖技法。

酒田K线法自创立之初便很重视对实际操作的具体指导，一般来说酒田K线法通常会说明买卖的具体数量。经过长时间的不断取精去糟，酒田K线法根据资金量的多少对试探股（注①）、本股（注②）、风险均摊等在数量上或比率上做了明确的指示，并对这些因素的组合做了充分的研究。

市面上流传的有些酒田版本，虽在数量上也做了明确的指示，但是这些数值不全是在实践经验中提取的，多为某种意义上的数列（注③）组合，因此不可全信之。但是在数量上的明确指示，颇有些技术分析的风范，值得肯定。

【注】

①试探股：从字面意思我们也可以知道，试探股就是为试探市场行情而买入的股票，为真正建仓做准备。

②本股：与试探股相对应，以试探股作为代价获取利润的所有本股。

③数列：指数学上根据某种数学模型建立的数字组合。比如7、5、3（在日本儿童3、5、7岁时举行庆祝活动），1、3、5、7（单数），1、2、4、8（倍增），10、30、50、70（递增）等，根据某种规则的数字组合。

5. 顺势而动，逆流而上

"触底买入；触顶卖出。"

这一思维我们可以称之为"顺势而动"，简称顺势，意为顺应市场变动，根据市场变动做出相应行为。具体来说就是行情上涨时买入，下跌时卖出。

与之相反的就是"逆流而上"了，简称逆势。具体来说就是：
①在下跌趋势时选择买入（预测此点触底，此后将反弹）；
②而在上涨趋势时选择卖出（预测此点触顶，此后将回落）。

要说两种思维方式哪种更有效，就是个见仁见智的问题了。可以说二者各有得失，均有利弊。

目前大部分的K线法，或为顺势而动，或为逆流而上，以其中之一为主导的占多数。但是酒田K线法却兼具二者，这也可以说是酒田K线法的特质之一。

综上所述，我们可以概括出酒田K线法即为：
①使用日足；
②计算酒田新值；

③灵活共用顺势和逆势；

④不研究市场总趋势，重点研究中势；

⑤欠缺理论支持，重视实践经验。历史数据的统计是重要的判断依据。

第二章
酒田新值

1. 酒田新值计算方法

在日足中,阴线和阳线不规则地排列。在这不规则的排列当中我们是否可以发现一些规律性的东西呢?

图 4 分别为松下电器和东京小豆的日足,均为触底反弹后到触顶的过程。在这段日足中的阴线和阳线的数量如下:

松下电器:阳线 40 支,阴线 35 支;

东京小豆:阳线 27 支,阴线 19 支。

从以上结果我们可以发现,阳线多于阴线,因为是在上升趋势中。换句话说,在上升趋势中阳线数量要多于阴线数量。当然这么说颇有些武断和偏颇,我们姑且先这么讲,日后会对这一观点进行更严谨的叙述。

【注】

在原著中虽然载有酒田新值的计算方法,但是并没有载有依据。在此对酒田新值的依据做补充说明。

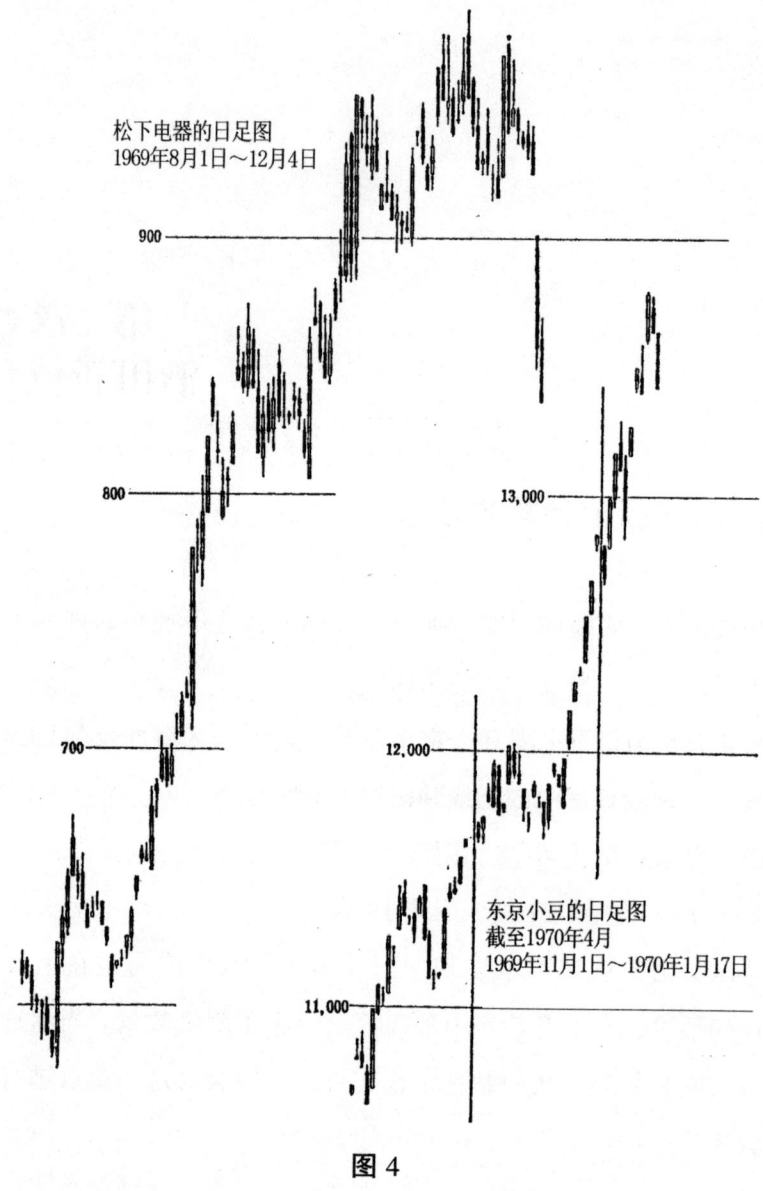

图4

(1) 酒田新值的基础知识

新高和新低的计算方法，各酒田派别在某些地方虽有些细微的差别，但大抵相同。下面我们来简单说明这些差别，并解释新高和新低

第二章 酒田新值

的计算方法。

"三连阳"式

"三连阳"式可以用于日K线图，也可以用于月K线图。酒田战法中"三连阳"式仅用于日K线图。怎样理解和掌握"三连阳"式呢？我们将以此为切入点学习新高和新低的计算方法。

如果对这一点进行详细的理论说明和论证，理解起来可能比较透彻深刻，但其过程比较枯燥乏味，所以在此略去。

以下将引用木佐森吉太郎先生的名著《股市K线的认识和使用方法》中对三连阳的解释。

首先，三连阳的第一支阳线是这一天的交易价格都渐次超过开盘价，这种趋势一直持续到收盘为止。绘出的这支阳线就如图5①中的A所示。第二天也和第一天相同，交易价均超过开盘价并逐渐上升。略有所不同的是，接近收盘时，交易价格略微有些下跌。这种弱势的抵抗并不说明市场上有了什么大的变动。"三连阳"中的最低价即为A的开盘价，而C的收盘价也就成了"三连阳"的最高价。为什么会是这样呢？我们下面几个方面进行剖析。

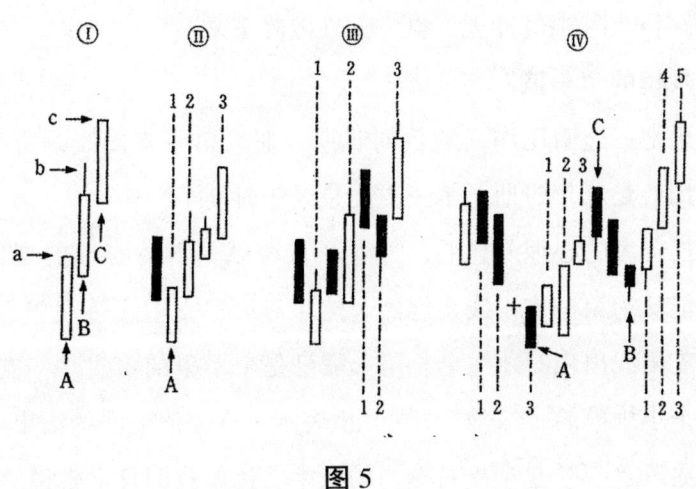

图5

定本酒田战法

①在 A 天时，市场上没有任何上涨信息流入，前一天的行情也并非强劲上涨，但嗅觉敏锐的高手已经嗅到依稀的腥味并着手买入。第二天，信息慢慢渗透，第一天的上升趋势也成为投资者的判断依据，所以这一天即使嗅觉一般的投资者也开始买入。第三天，前两天的强劲上涨趋势坚定了投资者的心，更多更有料的信息也传入市场，所以在这一天即使是菜鸟也都开始买入。

②投资者对市场的敏锐度不一，但由于持续的上涨趋势，投资者陆续开始心动。总体来说，第一支阳线时便买入的投资者对股市比较敏感，出手也比较大胆；第二支时的买入者属于各方面比较普通的一类；第三支时买入的就是对市场变动比较迟钝，或者说比较谨慎的人。从技法上讲，第一支时买入的都是技法老练的高手，第二支时买入的属于普通炒股人员，第三支时买入的就是"股场三脚猫"了。

③从多空双方的斗争上讲，第一支阳线表示多方略占优势；第二支阳线表示多空双方进行了激烈的斗争；第三支阳线表示空方最终败北。

④从市场上的人气来讲，由于在此之前空方占优势，所以第一支阳线显示出空方人气开始衰落；第二支阳线时多方人气渐高；第三支阳线时多方人气牛气冲天，空方人气败阵下来。

小规模的"一波"

如果把三连阳比作人的不同时期，那么第一支阳线是青年时期，第二支阳线是壮年时期，第三支便是老年时期了。

从投资者的心理变化看，专业一点说就是群体心理的变迁上说，人们可能认为第一支阳线是偶然，然后对第二支阳线持观望态度，直到第三支阳线出现时才完全相信上涨已是个不争的事实。三支阳线形成了一个小规模的"一波"，同时也表示了这一波上涨的结束。

我觉得"三"是个极具魔力的数字，比如我们日常常说"事不过

第二章 酒田新值

三""冰冻三尺，非一日之寒""此中三昧"，"三"似乎对人们有某种心理暗示。

接下来我们再返回到图 5 的 Ⅰ：

① A 的开盘是当下的底。

② A 的收盘 a 是以 A 的开盘为底的第一个阳线新值。

③ B 的最高值 b 是以 A 的开盘为底的第二个阳线新值。

④ C 的收盘 c 是第三个阳线新值，也是以 A 的开盘为底的顶。

接下来我们看图 5 的 Ⅱ：

① A 是底。

② 1 是第一个阳线新值。

③ 2 是第二个阳线新值。2 后面的一支阳线虽也是阳线，但是它的最高值并没有高过前一个阳线新高，所以不能算作新高值。

④ 3 是第三个阳线新值。虽然是一个小规模的上升，但是第三个阳线新值之后可以看作这一波的上涨已经完成。

（2）新高新低的反复

前一节所讲是两种比较简单的模式，下面我们进入稍加复杂的模式。请看图 5 的 Ⅲ：

① 1 是第一个阳线新值。

② 2 是第二个阳线新值。1 和 2 之间的阴线不计算在内。2 和 3 之间的两支阴线相对于 2 的最高值来说分别是第一个阴线新值和第二个阴线新值。

③ 3 是第三个阳线新值，它的出现也标志着这一波的上涨已经完成。

下面请看图 5 的 Ⅳ：

① 从左侧开始的 1 和 2 分别为第一个阴线新值和第二个阴线新

值。下一个十字星不计算在新值之内。虽然有些人主张应将其计算在内，但通过股市长期实践结果表明，不计算在其之内更为合理。

② 3是第三个阴线新值，它的出现标志着这一波的下跌已经完成，接下来将进入上涨趋势。在这一波的上涨中，第三支阴线的收盘A成为上涨的底。

③ 在上涨的这一波中，1、2、3分别为是第一、二、三个阳线新值。

④ 三连阳之后是三连阴。这个三连阴的顶是第一支阴线的开盘，底是第三支阴线的最低值。同时，第三支阴线的最低值也成为了下一波上涨的底。

然后进入下一波上涨。在这一波上涨中：

① 1是以B为底的第一个阳线新值。

② 2是以B为底的第二个阳线新值，同时也是对于底A的第四个阳线新值（以C为顶的三连阴不计算在内，以B为底的第一个阳线新值并没有高于以A为底的第三个阳线新高，因此以B为底的第一个阳线新值并不能算作以A为底的阳线新值）。

③ 3是以B为底的第三个阳线新值，也是以A为底的第五个阳线新值。

（3）深化理解新值

我们必须了解在统计过程中新值应该如何选取，统计结果又如何，在实际操作中如何使用。

对于这些问题，前人已经竭尽全力去探寻。上天没有辜负他们的努力，事实证明酒田新值的准确率非常高。这恐怕也是酒田法可以一直传承至今的一个重要原因吧。

为了更好地理解、使用酒田新值，我们必须更加深刻地理解以下

第二章 酒田新值

几个问题。只有对这些问题做出更好的解释，我们才能更好地理解我们所从事的工作。

①表示股市波动的阴线、阳线究竟包含怎样的内涵？该如何具体定义酒田新值？怎样认识和理解酒田新值，这里的认识和理解不是指个人的理解，而是指从古以来的一贯的解释。

②根据以上对酒田新值的理解，虽然足以解释现实中股市的表现，但是应该如何使用酒田新值？应该遵循怎样的使用规范？这里的使用方法和使用规范同样是指从古以来的一贯的理解。

顺行和逆行

对于顺行和逆行的解释可以通过一句话来概括——"上升趋势中阳线为顺行，下跌趋势中阴线为顺行"，从这句话我们可以引申出以下多种说法。

① 上升趋势中收盘价持续涨高。

② 收盘价高于开盘价形成阳线。

③ 上升趋势由一系列持续的阳线形成。

④ 收盘价持续低于开盘价不会形成上升趋势。

⑤ 连续的阳线，也就是收盘持续走高是上升趋势中的顺行。与此同时阴线为逆行。

⑥ 下跌趋势中阴线为顺行，阳线为逆行。

以上这些理解都是认识酒田K线法的基本方法，希望大家能够牢记。酒田新值中的"顺行""逆行"在某些书中被称为"顺行新值""逆行新值"，当然这种叫法也没有错。但是在判断股市顺行波动、逆行波动时，酒田新值一般被称为阴线新值、阴线新低，或者阳线新值、阳线新高，这样的叫法比较易于理解，所以今后我们也采用这种叫法。

（4）回调中的新值

上文所述"上升趋势是由一系列持续的阳线形成"，也可以说正是因为阳线的持续，上涨趋势才得以形成。如果我们根据新值，能够正确判断出上升趋势的始末，那么股市大势尽在掌握之中。

①上升趋势中阳线为顺行，所以只需要研究逆行的阴线即可。

②上升趋势的起始是下跌趋势中顺行的阴线不再出现，转为逆行的阳线，所以研究逆行的阳线转为顺行的阳线即可。

③上涨趋势的结束是逆行的阴线转为顺行之时，所以需要研究逆行的阴线转为顺行。

④上涨趋势中的下跌回调，逆行的阴线依然为逆行，所以需要研究这些逆行的阴线结束于第几支。

从以上我们可以得出，在上升趋势中研究阴线会更有利于我们在股市中盈利止损。

95%的准确率

表1是1956年东京小豆日足的统计，表2是1976年后东京小豆日足的统计。

表1

阴线新值本数	出现回数	%	%累计
1	255	18.0	18.0
2	385	30.0	48.8
3	472	37.8	86.6
4	84	6.7	93.3
5	56	4.5	97.8
6	14	1.1	98.9
7	11	0.9	99.8
8	2		
9	1		
合计	1250		

第二章 酒田新值

表 2

阴线新值本数	出现回数	%	%累计
1	65	20.1	20.1
2	106	32.8	52.9
3	91	28.2	81.1
4	35	10.8	91.9
5	10	3.1	95.0
6	10	3.1	
7	4	1.2	
8	2	0.6	
合计	323		

二者都是对上升趋势中下跌回调的新低在逆行阴线第几支时结束的统计。表1一共有1250回下跌，表2一共有232回下跌。

从这两个表中我们可以发现，由四支阴线新值构成的回调非常的少。

五支阴线新值组成的回调，覆盖率已经超过了95%。

所以当阴线新值超过五次以上时，就应该意识到这很可能已经不是单纯的回调，而是即将触顶回落的前兆。若能意识到这一点，损失的几率就可以降低在5%以下。

触底反弹，上升趋势开始（上升趋势的判断会在以后的章节中论述）。由于是上涨阶段，所以何时买入都可以。若是在上涨趋势的下跌回调时期买入也非常有利（下跌时如何买入会在以后的章节中论述）。若判断出股市已触顶就必须卖空了。

对于触顶的判断，酒田新值的准确率可以达到95%以上，实乃惊人。

2. 酒田新值的统计

(1) 上升趋势

上升趋势的一般过程是触底→反弹上涨→中段→上涨结束→触顶。

按照酒田K线法的理解,上升趋势就会有另一番说辞了:

在上升趋势中,阳线为顺行波动,阴线为逆行波动。阳线和阴线交互出现,在这个过程中股价逐渐上涨。而后逆行波动变为顺行波动,上升趋势也随之结束。

根据逆行波动结束时的状态,我们可以占取有利先机,躲避不利因素。

接下来我们回到表1再次进行观察。这表1中一共有1250次下跌,通过计算我们可以得出下跌回调出现次数以及不同数量的阴线新值构成的回调所占的比例。

由一支阴线新值组成的回调出现225次,占所有回调总数的18%。

从表1的统计中我们也可以看到下跌回调一共出现了9种。在最后一种也就是9支逆行阴线组成的回调只出现一次,而8支逆行阴线组成的回调也只出现了两次。

八支和九支阴线,下跌依然是逆行,是因为我们事后确定趋势没有转为下跌趋势,所以此时的回落还只上升趋势中的回调。

实际上在一波的上升趋势中,很少出现8、9支阴线组成的回调。此处是为了说明而特地选取此例子的。

第二章 酒田新值

(2) 第三次回调

几个阴线新值组成的回调出现的次数最多呢？换句话说，几个阴线新值组成的回调出现频率最高呢？

我们再次回到表1。从表1中可以得知，三个阴线新值组成的回调共出现了472支，占所有回调总数的37.8%，是所占比例最多的。由此我们也可以说，在上升趋势中，三个阴线新值出现则回调结束的可能性约有1/3。

这是一个了不起的发现。因为在股市中作为判断依据的所有资料中，能够确保判断的准确率在1/3以上的依据可以说是凤毛麟角，甚至可以说是没有。但是酒田新值却为我们提供了这样一种简单而有效的方法，而且准确率接近40%。

统计的数据有了，我们如何加以应用呢？

手持过去的统计数据，感叹酒田新值法的精妙，这是毫无用处的。我们需要做的是利用酒田新值法，让我们在这场股市大战中占据有利地位，这才是我们真正的目的。

立足于现在，离我们最近的已知值是上一个交易日的收盘价①。下一个交易日的状况还是一个未知数。我们没有预知未来的功能，所以假如昨天出现了一支阴线，今天是阴还是阳，接下来会出现几支阴线，这些都是无从得知的。

也就是说，即使我们说三个阴线新值之后回调结束的可能性约有40%，但是两个阴线新值之后，回调结束，继续上升，或是三个以上阴线新值组成的回调结束后价格继续上升的可能性依然存在，不到将

---

①本段原文中有"上一节的收盘价"等等，一节一价是日本期货市场的特殊交易制度，为了避免费解，在译文中省略了。

来的时点谁都无法确定。

还有，我们要正确理解三个阴线新值组成的回调的含义。所谓三个阴线新值组成的回调，是说已经出现两个阴线新值，接下来又一次出现了逆行的阴线新值，所以目前为止一共出现了三支。这三个逆行阴线是先后依次，而且连续出现的。三支逆行阴线出现之前，两支逆行阴线已经出现了。

在理解三支逆行阴线组成的回调的基础上我们再次回到表1。

一个阴线新值组成的回调出现的总数是225次，所占比例是18%。

两个阴线新值组成的回调出现的总数是385支，所占比例是30.8%。一支和两支逆行阴线组成的回调所占比例共有48.8%。

三个阴线新值组成的回调出现的总数是472支，三个阴线新值之内回调就结束，也就是一支、二支、三支逆行的阴线新值组成的回调所占的总比例是86.6%。

这样理解才能真正抓住精髓，抓住我们的中心思想。

（3）逆行转为顺行

如上一节所讲，上升趋势中的回调，三个阴线新值之内回调结束所占的比例是86.6%。

读到此处，读者朋友可能会亲自进行一些统计和计算，一些朋友可能会发现很多实例都达不到这么高的百分比。这里我需要解释一下，因为确有达到90%的实例，所以在此列举了此例。

如果翻看所有的酒田"回调买入型"的实例，就会发现三个逆行阴线新值之内回调结束继续上升并不是出于偶然。

接下来我们返回到表2。

表2是对东京小豆某一上升趋势中232次回调做的统计。细微之

第二章　酒田新值

处和表 1 相比虽有些不同，但前三种回调的比例同样达到了 81.1%，同样占据了很大的比例。

下跌回调在上升趋势中属于逆行，触顶后原先的下跌回调由逆行变为顺行。那么，如何界定是否触顶开始回落呢？我们来看一下古代的酒田 K 线法是如何解释的。

古代酒田 K 线法的一个基本思想——把逆行控制在 5 次以内。对于这句话可以有以下理解。

逆行的前三次都是简单回调，上升趋势仍然保持。逆行新值偶尔也出现 4 到 5 次，所以 5 个阴线新值组成的回调也可以接受。但是 5 个以上组成的下跌就应该意识到股市已触顶，下跌趋势即将开始。

前三次阴线新值组成的回调，其比例约占到 80% 以上，第四次阴线新值看作是例外，那么第五次就应该认识到股市风云有变，上升趋势即将转为下跌。

出现 5 次阴线新值就应该确定已触顶或即将触顶。

把失利的概率控制在了 2.2% 以内。从表 1 可以看出，前五种回调的累积比例达到 97.8%，五次阴线新值之后逆行持续的比例只有 2.2%，所以说最多可能只有 2.2% 的失利可能性。

（4）把逆行控制在 5 次以内

在股市中逆行转为顺行是极其重要的变化。在上升趋势中，阴线拉低股价，股价暂时回调，此为逆行。股价渐次上涨，触顶，行情开始走低，下跌趋势形成，阴线由逆行转为顺行。同理，在下跌趋势中，阳线拉高股价，股价暂时上涨，此为逆行。股价渐次下跌，触底，股市开始走高，上升趋势形成，阳线由逆行转为顺行。

或许有的读者会质疑，单单依靠酒田新值来判断触顶和触底是不是真的可靠。实践证明酒田新值的准确率非常高，所以如果你没有使

定本酒田战法

用酒田新值法，那么你很可能就和别人没有站在同一条起跑线上。

还有一些人，对酒田K线法仅仅出于兴趣，对卖线、买线、型有些粗浅的见解，而没有去真正下工夫研究隐藏在这一切背后的本质和基础——酒田新值，这一切无异于舍本逐末。要知道，酒田技法的一切都是建立在酒田新值之上的。

下面我们收回话头，继续研究"把逆行控制在5次以内"。针对这句话我们会有以下的疑问。

①包含第五次逆行在内，前五次逆行都可以看作逆行而不是顺行吗？那是不是说，如果第六次逆行出现，前五次的逆行整体均会转为顺行？

②包括第五次逆行吗？也就是说，前四次逆行仍然为逆行，如果出现第五次逆行，前四次的逆行整体均转为顺行？

（5）一波三新值

有以上的疑问也不为怪，我认为这是主要由于对酒田新值的解释不彻底造成的。

从实践的统计出发，逆行5次的解释应该是"第五次的回落或反弹即视为顺行"。

酒田新值的节奏点在逆行3次和逆行5次，在实践中的解释应该是一波三新值；而出现5次逆行要警惕，意为股市已触顶/底或即将触顶/底。

【注】

①节奏这个词在酒田K线法原文中并未出现。但在阅读后面章节后觉得节奏这个词能够帮助理解遂导入。

②所谓一波三新值是说，在股市波动相对较小时，一般

来说 3 个阴线新值就可以筑底（是在股市相对稳定的情况下，所以此时的底是指一个小底）从而形成下跌的一小波，或者 3 个阳线新值筑顶形成上升的一小波。

③所谓 5 次逆行要警惕，是说出现 5 次逆行，就应该看作已经触顶。当然这并不是 100% 的确定，因为根据当时所掌握的信息我们还没有完全的把握。但是即使没有触顶也即将触顶，所以要警惕。

(6) 三次逆行和五次逆行的近似值

接下来我们观察一下第四种回调。

表 1 中前四次回调所占的累积比例是 93.3%，表 2 中前四次回调所占的累积比例是 91.9%。也就是说，五次及五次以上阴线新值出现之后，继续上涨的可能性，表 1 中为 6.7%，表 2 中为 8.1%。也就是说出现五个阴线新值或者五个以上阴线新值组成的回调的可能性还没有达到 10%。

这些统计的数字足以让我们兴奋。如何利用，使自己做强做大，我们会在以后的章节中详细叙述。

目前为止我们的重点放在了上升趋势中的阴线新值，接下来我们要把重点移到下跌趋势中的阳线新值上来。

我们一起来看表 3。A 是和表 1 同时期对一个下跌趋势的统计。A 中反弹的总数为 1197 次，与表 1 中的回调总数 1250 相比略有减少。B 是和表 2 同时期对另一个下跌趋势的统计。B 中反弹的总数为 367 支，与表 2 中的回调总数 232 相比略有增长。

表 3

A 阳线新值本数	出现回数	%	%累计	B 阳线新值本数	出现回数	%	%累计
1	195	16.3	16.3	1	50	13.6	13.6
2	248	20.7	37.0	2	153	41.7	55.3
3	591	49.4	86.4	3	102	27.8	83.1
4	110	9.2	95.6	4	41	11.2	94.3
5	42	3.5	99.1	5	17	4.6	98.9
6	6			6	2		
7	4			7	2		
8	1			8	0		
合计	1197			合计	367		

从以上的对比中我们可以发现，同一时期回调和反弹从数量上呈正相关，但略有偏差。

我们仔细观察这些统计数据还可以发现，表1中三个阴线新值组成的回调明显多于其他几种回调，在表3的A中三个阳线新值组成的反弹也明显多于其他几种反弹。更加奇妙的是，表2中的两次阴线新值组成的回调压倒性地多于其他几种回调，而在表3的B中两次阳线新值组成的反弹也明显多于其他几种反弹。难道这仅仅是一种巧合？

综合我们前面所研究的几个表及其对这些数据的分析，我们做出以下总结。读者朋友们也可以自己对股市上的数据进行一下统计，验证我们的结论是否得当。

①两个新值组成的回调（或反弹）和三个新值组成的回调（或反弹）数量成正相关，略有偏差。

②三次以及少于三次新值组成的回调和反弹的累积比例分别为：阴线86.6%和81.1%；阳线86.4%和83.1%，所占比例比较接近。

第二章　酒田新值

③五次以及五次以内新值组成的回调和反弹的累积比例分别为：阴线 97.8% 和 95.0%；阳线 99.1% 和 98.9%，所占比例依然比较接近。

在认识本章的基础上，我们进入第三章——日足的组合。

第三章
线和线的组合

1. 日足的内容

(1) 日足的确立

"日足确立的时间，日足的发明者是谁"这些背景知识我们在第一章就已经介绍过了。接下来我们将介绍日足的内容。日足的形可以达到直接的视觉感官效果，感受起来更加直观。同时通过日足的形我们也可以了解到日足的形成过程。

接下来要讲的内容理解起来比较简单，但却是理解日足、理解股市的一个基础，所以大家要仔细阅读。

前面几章中就已经出现过几个日足的图，大家应该对日足有个直观的了解了。现在我们要讲的是股价波动如何形成日足的过程。通过对这一过程的讲解大家会对日足有更加深刻的认识，同时也会了解到日足的一些不足和欠缺。

大家请看图6。假使一天之中有六次竞价成交，也就是说有六个股价。当然实际股市中不可能只有六次或正好有六次交易，我们只是假设有六次交易，为了更好地说明要讲述的内容。

定本酒田战法

可以看到，A 的价格都按照相同的速度上涨。如果将 A 的价格变动绘成日足那么就是 B。

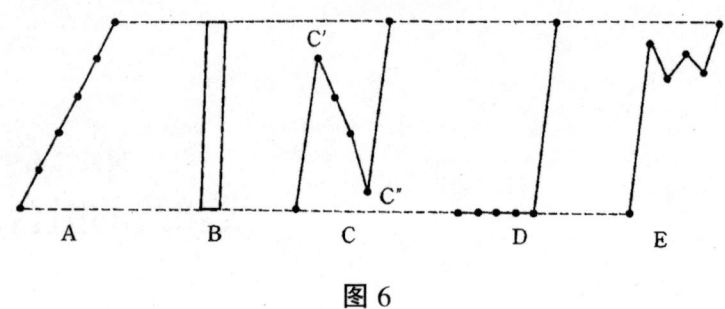

图 6

在 C 中，中间价格起伏变动，C′ 达到最高值，C″ 达到最低值，但是由于所有的价格都是在第一次交易和最后一次交易的价格之间波动，所以绘制的日足也同样是 B。

接下来请看 D，前五次交易价都没有任何变动，最后一次交易价即收盘价一跃而起成为最高值，绘制出的日足也同样是 B。

接下来看 E，交易初期价格飞速上涨，而后价格上下略有波动，总体保持稳定，收盘价成为了当天的最高价，所绘制出的日足也依然是 B。

反过来说，阴线又是什么情况呢？收盘价低于开盘价形成阴线日足，如果中间的价格都在开盘价和收盘价之间徘徊，那么绘制出的日足也是 B 的样子，只是为了区别阴线和阳线，需要将 B 的实体涂成黑色。

股市科普：B 的开盘价即为最低价，收盘价为最高价，这从 B 没有上、下影线就可以看出，

这种没有上、下影线只有实体的日足我们称之为"光棍日足"。

第三章 线和线的组合

（2）上影线和下影线

阳线的实体涂成红色，阴线的实体涂成黑色，这样容易区别。但是由于本书采用黑白印刷，所以在本书中阴线实体保持黑色填充，而阳线实体用空心来表示。

在一天中如果股价波动不是太剧烈，比如像图6中的A或C，那么绘制出的日足也莫过于阴线光棍日足和阳线光棍日足。

但是假如一天中的股价波动剧烈，多空双方的拉锯战很激烈，而且我们还需要结合第二天的股市势头来分析，那么情况就会复杂些。

下面我们来看图7。

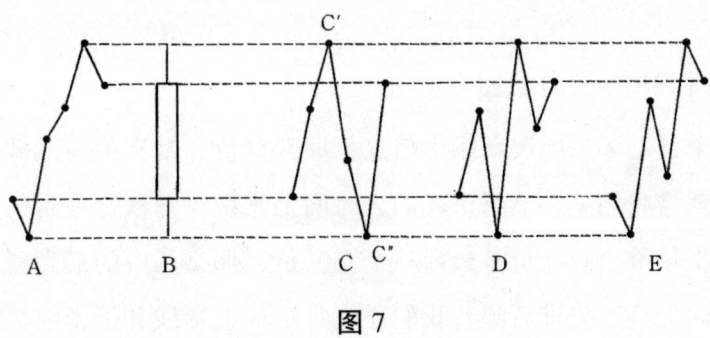

图7

A开盘后股价有所下跌，之后一路高歌挺进达到最高值，最后收盘略有下挫。绘制出的日足是B。

接下来看C。C与图6的C略有相似，但股价波动更大。开盘后C'处达到当日最高值，之后一路下挫，到C"处抵达当日最低值。很明显，C的波动和A的波动完全不同，但是绘制出的日足依然都是B。

D和E的波动更加剧烈，变化更加复杂，但是日足依然是B。

也就是说，虽然波动各异，只要开盘价、收盘价、最高值、最低值这四个最重要的点是一致的，那么会指出的日足图都是一样的。

(3) 内涵的区别

图7中A、C、D、E的波动大相径庭,但是它们的日足都是B。也就是说从日足B我们不能看出实际股市中股价的经过过程。那么有没有更好的表现手法,能反映出当天股市的所有信息呢?

目前我们所讲述的还只是单单一天的日足,如果是两天、三天或者更长时间的日足的话会更为复杂,更难以理解。所以为了打好基础,更好地理解酒田日足,我们接下来进入下一节,更深层次地接触日足。

2. 日足的解释

(1) 时间上的欠缺

每个日足都只能展示四个信息,即开盘价、最高值、最低值和收盘价。就像我们上一节所讲述的,时间上来说,开盘价是当仁不让的第一个交易价,收盘价是最后一个交易价,那么其中的最高值和最低值在时间上是谁先谁后呢?我们通过日足的上影线和下影线,可以知道最高值和最低值,但从日足上却说明不了二者时间上的先后顺序。如果我们把股市上的交易按照时间顺序绘制成的一幅曲线图,在每个值的地方用黑点表示,那么这些交易值的先后顺序和高低差别便一目了然。但是酒田K线法使用日足来表示每天的交易,所以我们还是将重点放在日足上。如上所述,有上下影线的日足有最高值和最低值,但我们无法判断二者时间上的先后顺序。但是阳线的话,收盘价高于开盘价;阴线的话,开盘价高于收盘价;光棍日足的话,所有的交易价都在开盘价和收盘价之间波动。这些是我们通过日足就可以知道的。假如我们现在有两只日足,外形虽然一样,但实际它所经历的价

第三章 线和线的组合

格变动却不得而知。其中一支可能是自开盘后价格高涨,之后在高位保持直至收盘;另一支可能是自开盘后在低位盘旋,直到收盘前一跃而起在高位收盘(图8)。这两种价格波动所绘制出的日足是完全相同的。那我们该如何解决这个问题呢?我们是不是应该找一种更加精密的统计方法?

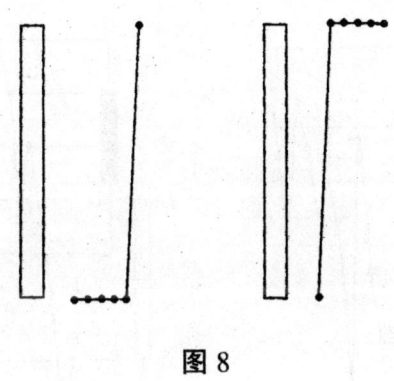

图 8

(2) 更加精密的统计方法?

很多人也提出了上一小节的疑问。这其中的一些人带着疑问写书立作,讲述了在现实中如何更快更简洁地捕捉更多的市场信息的方法,比如"使用半日足""日足和曲线图并用"等,有的人甚至使用"双半日足"。所谓"双半日足"是指,头一天下午的后场与第二天上午的前场股市,创建者认为这样的日足更有效、更实用,但有人认为比起普通日足更加繁琐。对于半日足,虽然对于值的统计略显精密,但使用起来繁杂,反而更加不易观察。

(3) 直觉错误?

从理论上讲,事物越精密,越细致,也就越正确。但是把这个理论运用在日足上,真的是越精密越合理吗?这合乎我们的目标吗?对于一个日足,它内涵的价值波动具有无数个可能性,那么对于两个连

定本酒田战法

续的日足或者是更多的日足来说，情况就会变得更加复杂。下面我们看图9，左面一个图中的两个日足，一支是有上、下影线的阳线，另一支是只有下影线的阳线；右面一个图，一支是有上、下影线的阳线，另一支是有上、下影线的阴线。

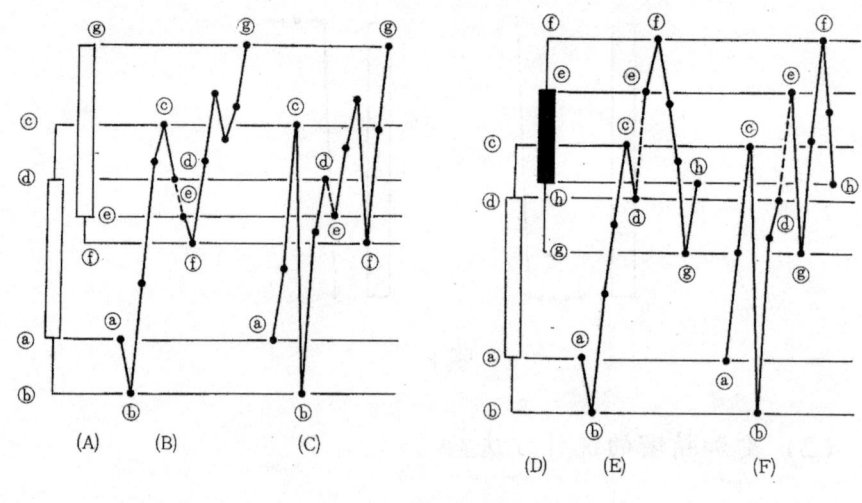

图9

（A）连续的两支阳线。下面我们具体来看这两支阳线的波动。a、b、c、d分别是第一支阳线的开盘价、最低值、最高值和收盘价，e、f、g分别是第二支阳线的开盘价、最低值和收盘价。

（B）将这两支阳线的价格波动绘制成点线图，两支阳线的价格波动就会是按照a、b、c的顺序波动，在g处最终结束。

（C）即使这样完全不同的价格波动绘制出的日足也是相同的，时间上来说a比b早，f的取值方法也不相同。从它们的曲线图中，可以看出这两种日足的价格波动也不尽相同，c的价格波动更加激烈。

（D）阳线和阴线连续，它们的波动更加激烈，阳线阴线中分别有两个影线可以看出这一点。

第三章　线和线的组合

（E）（D）中的波动或者如（E）所示是可以想像的最普通的波动，或者是如（F）所示上下波动幅度较大。

（F）（E）和（F）不同，但所绘制出的日足都是（D）。

也就是说只要能客观准确地表示，达到我们的目的就可以了。

（4）日足的重点

我们无法得知最高值和最低值在时间上的顺序，这也可以说是酒田K线法的缺点。但是细致的记录所付出的努力远远低于在股市上所获得的回报，所以与其舍本逐末地在细微处下工夫，不如"收盘记录"那样概括性的总结更有直接的效果。

"收盘记录"记录的是每日的收盘价，通过对一段时间收盘价的统计得出自己想要的结论，它的指导思想是：只有老天爷才知道将来的股市走向。对于我们凡人来说，我们可以得知的最近的有效信息是今天的收盘价。今天的股市经过一系列价格的高低变动最后落在收盘价上，所以收盘价是集结了股市各种因素的作用的最终结果。而且，明天的股市风云是奠基在今天的收盘价之上的，所以今天的收盘价对于明天的股市也有一定的参考效果。

"收盘记录"通过对收盘价的研究，经过长期经验的积累，通过收盘价对股市做出推测，然后以此推测为基础进而或建仓，或平仓，作出对自己最有利的决断。

当然，在最后收盘之前，我们谁都无法真正确定今天是阳线还是阴线，现在的上涨趋势是持续直至收盘，还是即将下跌形成影线。收盘价对于我们有更多的指导意义，所以收盘之前多空双方拉锯战中一城一池的得失对于我们没有太多的意义。

在日足中的收盘价也是如此，它的意义非常重大，不光是对今天的一个总结，更有预示、指导明天的意义。

定本酒田战法

和"收盘记录"相比,我们的日足包含了更多的信息,不光有收盘价,还清晰明了地记录了开盘价、最高值和最多值。此外还通过颜色区别表示阴线和阳线,更有视觉上的刺激效果。

(5) 视觉感官上的强和弱

接下来请看图10。

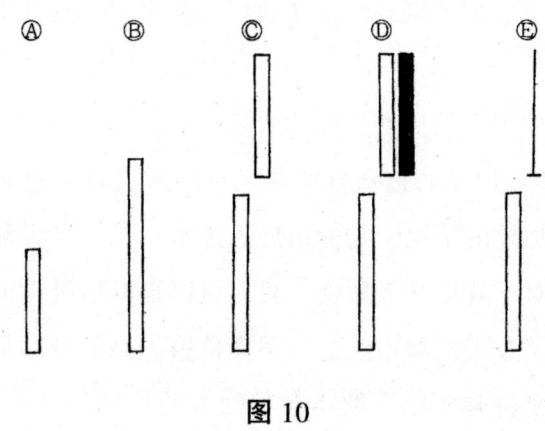

图 10

A是一支阳线。没有上下影线,也就是所谓的"光棍日足",一天中所有的价格波动都包含在这支阳线里。它其中所包含的价格波动的可能性有千万种,但只要最高值和最低值都介于开盘价和收盘价之间那么绘制出的日足就是这样子的。这里还需要注意一个问题,这样一个简简单单的日足并没有什么稀奇,但是股市交易是一直持续的,那么日足也就会每天持续着,数量的积累会滋生出更多重要的问题。

B是相对较长的一支阳线。当然这里说较长是一种相对的说法,比如相对A来说B就是一支较长的阳线。我们能看出B是较长的阳线,今天股价有较大幅度的增长,是因为有开盘价和收盘价相对比而得来的,而我们前面所涉及的"收盘记录"由于只记录收盘价所以无法得知今天的涨幅或跌幅。

C 是连续的两支阳线，从视觉上可以感受到多方力量很强大。

D 是在 C 的基础上又加了一支阴线。从 D 的日足中我们可以清晰地看到，第二支阳线和阴线高度一致，只是由于一支是阳线一支是阴线，所以它们是大小相等但方向相反的两支日足，我们可以把它们理解为数学上的正负数，比如+1 和-1，+5 和-5，由于方向上相反，所以它们最后的结果是相抵消的。回到我们的日足，从股市的角度上我们可以理解为，多方力量相对强大，将股价拉到一个比较高的位置，之后又用尽全力将股价拉到一个更高的位置。但是多方力量用尽，空方卷土重来，重新又把股价拉到了一个双方力量平衡的位置，这就出现了这支阴线。

E 可以看作是将 D 中的第二支阳线和阴线合二而一，形成一个倒 T 字形的日足。这个倒 T 字形的日足虽然最高值拉得比较高，但是由于收盘价又被拉回到了开盘价的位置，所以我们可以得知，多方一度将股价拉得很高，但是这种力量并没有持续到收盘，反而空方后发制人又将股价拉到开盘价的位置。从这个日足中我们可以很明显地感觉到多空双方力量都不可小觑，但是在收盘之时空方力量要强过于多方。

（6）收盘之前的股价波动

我们来回顾一下之前讲过的内容：
①重视时间上的经过。
②特别重视开盘价和收盘价，上下影线有时也会加以重视。
③倚重视觉上的感受。
④强调开盘价、收盘价、最高值、最低值这四个最重要的信息，忽视除此之外的细微的信息。

⑤不直接预测多空双方的强和弱，而是通过对日足的观察得出双方的强弱。

⑥也就是说，K线并不能对未来进行准确的指导，而是以昨天、前天这些过去为判断依据，做出更加正确的决断，更好地把握当下。

日足都显示每日的开盘价和收盘价。从多个日足的组合中我们也可以通过视觉清晰地感受到多空双方的力量强弱。图10中我们接触到了两个日足的组合，接下来我们将讲述三个日足、四个日足或更多日足组合成的日足组合。

（7）一支日足的强和弱

"线"是酒田K线法中对日足的另一个称呼。一根线就是指一个日足，两根线就是指两个日足。

所有的酒田K线书中均载有对一根线的解说。对于"一根线的解说"在酒田K线书中明确记载"线的形""线的强弱"等对我们来说极其重要的一些基础知识。

但是迄今为止被K线反对论者攻击最多的也莫过于这部分内容，他们认为仅仅通过线的形状怎么可能预知未来？一些拥护K线法的人对此也无可辩驳。其实并不是没有反驳之词，只是这些人对于"线的型""线的强弱"等最基础的知识没有清晰、灵活的理解，犯了严重的形式主义错误。

酒田K线书中也有对于"线的型""线的强弱"相关的解释，但是在读者中却备受冷落。因为这些内容理解起来比较难，而很多人仅仅想在书中找寻一些简单直接的指示，比如买或卖的绝对指示，所以只得到了一些粗浅的知识，而没有抓住酒田K线法的精髓。

日足的大小

K线法的体系是在江户时代末期形成的。江户时代末期还没有

第三章 线和线的组合

"周"的概念,计量时间的单位仅限于天、旬、半月、月、年。当然在现在,周是我们的一个很重要的时间计量单位。在股市中也是一样,我们除了有日足之外还有表示周的"周足"。周足我们在后面会详细了解到,现在我们返回到日足。

图11是以前的酒田K线书中载有的一个例子。(A)部分右边的两个日足,我们称之为大阳线。这里的"大"只是一个相对的概念,是与较短、较小的日足相比较来说,并没有多长即为"大"的一定之规。大的光棍日足我们称之为"大阳光棍"。

(B)		(A)		
				形态
		小阳线	大阳线	名称
		有上下影线的小阳线	有上下影线的大阳线	别名
	光棍小阳线		光棍大阳线	
开盘价 收盘价略高于	买方势力极强	买方势力稍强	买方势力极强	线的性质
		卖出	买入	操作

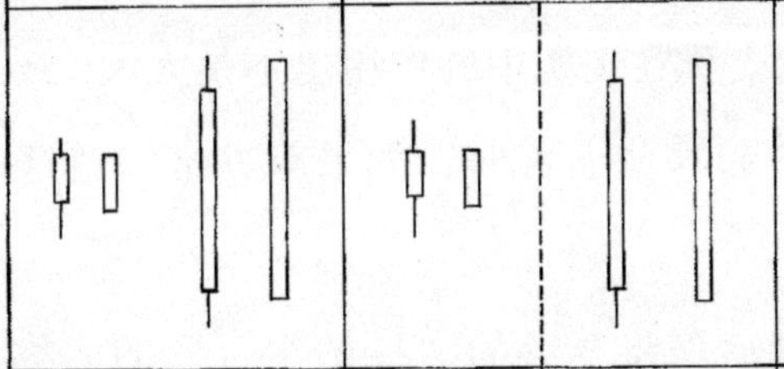

图 11

(8) 线的性质

在第一章中我们讲到过十字星，就是开盘价和收盘价等同的日足。就十字星而言，还可以再往下细分。比如说下影线长于上影线的十字星，形似蜻蜓，被称之为"蜻蜓十字星"；还有上影线长于下影线的十字星，形似江户时代捕吏所使用的一种名为"十手"的铁制武器，所以被称为"十手十字星"；还有影线短小的十字星被称为"伞状十字星"等。

十字星的这几种细分种类的名称都是根据日足形状的联想描述。实际上这些细分的名称在现实中的作用也不是太大。唯一的作用就是在和别人通电话说起这些名称时，如果双方都知道这些名称会比较方便。

再进一步说到后面将要讲的"线的组合"的名称，就更加杂乱了。这些名称大多是江户时代被赋予的，颇具情色意味，丝毫没有做研究应有的严肃和严谨，这种做学问的态度真是不可取。

咱们言归正传，回到将要讲的"线的性质"和"买卖"。

首先，从线的性质上讲，线有大阳线和小阳线之别：

① 大阳线，非常强的线。

② 小阳线，稍强的线。

同为小阳线也有强弱之分。下影线越长的小阳线多方势力越强。从这个意思往下延伸，很可能会得出这样的结论：所谓强，是说上涨压力较大，即将上涨；而弱则暗示即将下跌的线。可是细细品味似乎并不是这样。

错误在于给了实践者一个错误的暗示——"即将"。这个错误的暗示会给实践带来很大的不利。

其实日足只是我们对过去的一个记录,所以对于日足的强和弱我们应该理解为当时的强和弱,并不是说今后、接下来等未来的力量。理解上的错误可能会给我们带来很大的损失,所以在这一点上要细细揣摩,不要望文生义。

(9) 星形

日足有很多的形,接下来我们就遵从古来的一种分类方法对日足的形做一简单介绍。

图12中的A栏是实体(开盘价和收盘价之间的价差,日足中的长方形)较短的,B栏是实体较长的。

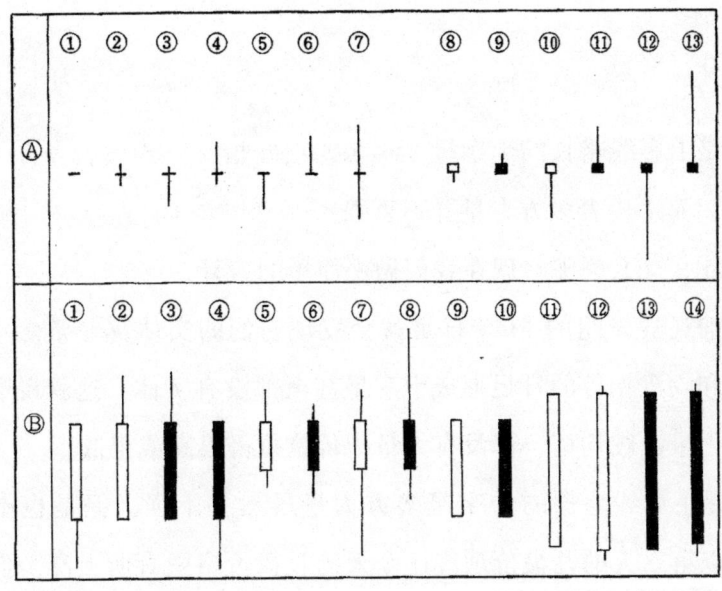

图12

我们先从A开始讲解。

①中只有唯一的一个值。形成这种形的可能性有多种，比如一天只有一次有效交易，或虽有多次交易，但交易价都相同。在这种情况下，没有最高值和最低值，而开盘价和收盘价相同。

从②开始到⑦全部都是开盘价和收盘价相同的情况，它们统称为"星状日足"。但上下影线各有不同，根据上下影线的不同可以分为②到⑦不同的种类。

②的上下影线都非常短小，形成一个"正星形"日足。从双方力量对比上讲，双方的力量保持暂时均衡。

③是下影线略长的十字星。从经验和统计数据来看，这种情况应该解释为"由于开盘价和收盘价相等，所以双方力量大致均衡。但可以看出最低值虽然拉得相对较低，但在收盘时仍被拉回到了开盘的位置，所以多方力量并不算弱"。

（10）影线

④是上影线略长的十字星。④与③正好相反，③代表多方力量并不算弱，而④代表多方力量并不算强。

为什么这么说呢？现在我们做一简单的解释。

仔细观察A组的13个日足就会发现它们的实体都非常短小，有些开盘和收盘相等的日足形成十字星甚至都没有实体。这就说明多空双方的力量比较均衡，都没有力量把价位拉得很高或很低。

但是下影线略长的十字星多方力量虽然并不强，但是也不至于弱，所以第二天的开盘价理应比今天的收盘价略微有所上涨。倘若到了第二天，开盘价果然比第一天的收盘价高，那么第一天的下影十字星（下影线略长的星形日足）就暗示着上涨的可能。

相反，如果第二天的开盘价比第一天的收盘价低，那么下影十字星就暗示着下跌的可能。

也就是说第二天的开盘价能给我们的判断一些参考。但是这个参考并不是绝对的。因为从日足中我们无法判断出最高值、最低值出现的顺序，而且仅仅通过一个日足，没有整个趋势的大环境作为判断依据，所以很难做出绝对准确的判断。

(11) 力量的均衡

⑤只有下影线而没有上影线。这个日足代表多方的力量也并不弱。如果把"并不弱"更加细分为强和弱的话，那么⑤应该是"强"。当然这只是感觉上的一点差别，并不是说真的强很多。

⑥和⑤恰恰相反，是只有上影线而没有下影线。多方力量并不算强，如果和④相比较的话，可能要比④稍强些。

⑦的情况相对比较复杂。可以看出上下影线同长，而且上下影线都比较长。空方把股价拉到一个比较低的位置，最后收盘价却和开盘价相同，这究竟是各种因素偶然作用的误打误撞，还是多空双方实力相当，不相上下，各自把股价拉得很高和很低之后，最后收盘时又不得已各分天下？对于这一问题，单靠一个日足还无法下结论。

③~⑥、⑩~⑬也和上面所讲的⑦一样，股价变动幅度较大，但最后收盘时却又拉回到了开盘价，所以这种情况比较复杂，不好判断。

从投资者心理上讲，受大多数投资者"在低于开盘价时买入，高于开盘价时卖出"的心理，股价上下浮动虽大，受供求关系作用，股价在收盘时最终保持了平衡，回归到了开盘水平。这也说明了双方力量最后都趋于均衡。

（12）止

上午股价波动较大，但是收盘时收盘价却拉到了开盘价的位置，这种情况该如何解释呢？

由于开盘价和收盘价保持一致，所以双方在力量对比上至少是均衡的。根据影线的不同又有区别。

只有下影线的，最后收盘时刻又将收盘价拉回到开盘价的位置，说明多方力量并不算弱，所以第二天上涨的可能性较大；相反，只有上影线的，第二天下跌的可能性较大。

比如说③、⑤、⑩、⑫等只有下影线或下影线较长的日足，多方有一定的力量蓄力反弹，而且反弹的力量和下影线的长短成正比。通俗点说，下影线越长，第二天开盘反弹的力量越大。但是由于空方也不示弱，将股价拉得很低（下影线的位置），所以多方在往上拉的过程中颇受阻力，所以在收盘时并没有更多的力量突破开盘价，把股价拉到更高位，所以只能与开盘价持平。

像这种多空双方力量均衡，一方打破僵局将股价拉到一定的高位或低位的情况下，另一方也不甘示弱，在收盘时将收盘价拉回到开盘价的位置，但无更多力量拉到更高或更低的情况叫做"止"。比如③、⑤、⑩、⑫被称为"上涨止"，因无力将收盘价拉到更高。相反，④、⑥、⑪、⑬被称为"下跌止"，因无力将收盘价拉到更低。

在这里要注意，以上这些解释只针对单个日足，在实践中，要根据整个股市环境和上下的状况区别对待。

（13）实体

⑧是下影线短小的小阳线。在最后收盘时刻，由于某些因素股价

偶然微微上涨形成阳线。由于阳线实体极其短小且形成偶然，所以⑧可以看作是①或②。

⑨上影线短小的小阴线。⑨和⑧相似，由于偶然因素形成阴线，所以也可以看作是①或②。

⑩是下影线较长的小阳线。最终收成阳线，所以可见⑩的力量也不算弱。⑩和⑫相比，⑫的下影线略长，和⑧相比，⑧的下影线略短，所以说三者的力量对比由弱到强的排列应该是⑧、⑩、⑫。

⑪受挫回落最后收成阴线，所以可见多方力量并不算强大。

⑫是下影线略长的小阴线。虽然是阴线，但是阴线短小，所以可以看作是下影线略长的星状日足。

⑬是上影线略长的小阴线。多方虽一度将股价拉到了比较高的位置，但最终还是被拉到较低的位置，而且收盘为阴线，足见多方力量稍显薄弱。

在此做一个假设。假如⑫是阳线，由于最后强力反弹，股价回升，而且收盘成阳线，所以可见多方力量稍强。假如⑬也是阳线，从上影线到收盘我们可以感觉到空方力量的压制，由于最后收成了阳线，所以感觉空方并没有完全压制住多方。

股市上的强弱都是辩证的，没有绝对的强和弱。不管是阳线实体还是阴线实体，如果实体较小，我们就可以看作是收盘价等同于开盘，可以忽略实体。

3. 股价波动的持续性

接下来看图12的B部分。大家都知道，开盘价和收盘价的价差形成K线的实体，如果当天的股价都在开盘价和收盘价之间徘徊，就会形成"光棍日足",这一点我们在之前已经论述过。如果当天收成阳线,也就是说收盘价也是当天的最高值,那么形成的日足就是⑨;反之,如果收成阴线,那么形成的日足就是⑩。

图 12 的 B 部分是相对实体较长的日足。大体来讲,实体较长的日足表明价格会向收盘价的方向发展。具体分析如下:

①是只有下影线的阳线,是极其普通常见的日足。①虽然有最低价,但是收盘价同时也是最高价,可见多方势力还是比较强大的,所以收盘收在高位也比较果断。

②是只有上影线的阳线。最后收盘之际还是被空方从最高价拉回到收盘价的位置,可见多方力量不足,第二天很有可能下跌。

③是只有上影线的阴线,影线和实体都和①完全相反,解释也和①完全相反。

④是只有下影线的阴线,影线和实体都和②完全相反,情况和②完全相反,暗藏着反弹的可能性。

(1) 实体和影线

日足的实体显示最重要两次交易价格——开盘价和收盘价。在国外,收盘价同样受到很大的关注,但是开盘价被认为仅仅代表当天第一次交易的价格,并不具有代表性;对于某些并不活跃的股票,一天的开盘交易甚至是在下午,所以开盘价并不被重视。

与此相对应的是日本的 K 线法对四个重要的交易价格——开盘、收盘、最高、最低都有很深入的研究,较之国外的研究更加纤细。

接下来我们言归正传,我们回到图 12 的 B 中的⑤。⑤是一支有上下影线的阳线,上影线微微长于下影线,实体也不算太长。如果是⑤有较长的实体,我们可以断定多方力量强大,行情见长。但是由于

第三章 线和线的组合

实体较短,夸张一点说,它和图 12 的 A 中的⑧和⑨没有什么区别。⑤就像一只迷路的小鹿,将来走势尚且不明朗。

⑥是一支有上下影线的阴线,下影线微微长于上影线。⑥和⑤的实体和影线都完全相反,但它们在理解上是相通的,可参照⑤。

⑦是有上下影线的阳线,下影线比较长。下影线如此长,但收盘时又拉回到高位形成阳线,足见多方力量还是比较强大的。

(2) 影线

开盘—大跌—大涨—收盘,在这种大涨大跌的情况下,如果某些交易价超出开盘价和收盘价所形成的区间,就会形成影线。如果收盘价高于开盘价,那么会形成阳线实体;反之,如果开盘价高于收盘价,那么会形成阴线实体。

在形成阳线实体,而下影线比较长的情况下,能够将低位股价拉回到高位形成阳线,可见多方势力还是比较强大的。

如果形成阴线实体,股市波动较大,大跌之后虽然有所回升,但毕竟回天乏力,收盘价没有拉回到开盘价的位置形成阴线,所以感觉多方力量并不算强大。

以上就是对单支酒田日足的影线的判断基础。简而言之就是:上影线长的阳线,多方势力较强;上影线长的阴线,多方势力单薄。

(3) 线的强弱

⑧的上影线极其长。上影线如此之长可见当天多方的力量是很弱的,所以最后收盘成阴线也不足为奇。

⑨是"光棍阳线"。

⑩是"光棍阴线"。

像⑨、⑩这种连续的两支等长的"光棍日足"（不管是阴线还是阳线）形成的日足组合被称为"拍子木"，而这其中的单个日足被看作是渐次上扬或下跌，多方势力是温和的。

⑪是一个长大阳线。由于它没有上下影线，所以是一个"光棍长大阳线"。这里的"长大阳线"和前面讲的"大阳线"只是在阳线实体的长度上有些差别。当然这种差别是相对的，并没有规定实体多长为长大阳线，多长为大阳线。

在股市高速上涨的时候，经常会有连续的几支大阳线支撑。但是除了其中特别长的大阳线可以称之为"长大阳线"外，其余大阳线仍旧为大阳线。

但是在多空双方实力相当、股市互有涨跌的时候，实体都不会太长。若是其中出现"破盘整阳线"打破平衡，上涨幅度明显比其他阳线长时也可以称为"长大阳线"。当然这种情况下的阳线的上涨高度自然不能和股市高速上涨时的阳线相提并论。所以说所谓的长大阳线只是一种相对的说法，是相对于当时状况下和其他的阳线相比较的结果。

阳线所代表的含义是多方势力强，股市有望上涨。长大阳线则表示当时的多方势力更加强大，行情极有可能上涨，行情极有利于买家，同时对股价进行了再次定位。但是，长大阳线由于它的长度惊人，也常常会给炒股者一种心理上的震慑。拥有大阳线的上涨当然也有它的极限。当连续的阳线支撑形成上升趋势之后，月满则亏，必然会触顶而后调头形成下跌趋势。

【注】

"破盘整阳线"是指在盘整阶段，多空双方势力相当，

第三章 线和线的组合

股价波动稳定,某日高开形成脱离,无论它之后表现如何,不管是一路飙升,还是收盘徘徊在盘整阶段的价格区间,由于这支阳线打破了盘整的僵局,这支阳线就被称为"破盘整阳线"。

⑫是有较小上下影线的长大阳线。⑫所包含的意义和⑪差不多。某些时候⑫的多方力量会比实体相当的光棍阳线更强。

(4) 空方的打压

一般来说光棍阳线的多方势力都比较强,光棍长大阳线的势力就更强了。由于是光棍日足,所以它的收盘价也是最高价,而且是距离现在最近的一个值,所以上涨的可能性非常大。

但是有上下影线的阳线多方势力较强的情况也不少见。我们通过比较图12的B中的⑪和⑫来说明这个问题。

⑪是一个光棍大阳线,而⑫是有短小的影线的阳线,实体和⑪的实体相当。

从感觉上讲,⑪这种光棍阳线在形成过程中比较容易,没有遭到空方太多的打压。有可能是在这支阳线形成之前空方极力打压,但是在这支阳线形成时空方力量正好用尽,所以没有余力继续打压。

在多空双方实力相当、互有涨跌之时,多方打破现有的平衡所形成的阳线就属于这种情况。这时,不管是开盘还是收盘,空方都没有足够的实力与多方抗衡。在小规模或中型规模的趋势中,如果连续出现这种日足,就说明多方势力比较强大。

但是连续的光棍阳线上涨很有可能使得多方的力量用尽,形成顶,进而触顶回落。

⑫有上下影线，说明多多少少空方还是给予了一定的打压，但是这种打压的力度并不大，所以总体来说还是多方的天下。即使空方给予了一定的打压，但这也是无谓的反抗。因为在此之前空方过度卖空，现在是清偿在此之前的透支，所以在这之后的上涨会更加猛烈。

之后多空双方依然进行着较量，试图将股价拉到更符合双方实力的位置。多方极力修正在此之前由于空方的过度卖空而造成的股价偏低，而空方也在进行着力所能及的反抗，双方斗争不断，所以在此之后会连续出现有影线的阳线。

在这种情况下，一般来说股市更容易走向影线较短的方向。当然这里所论述的都是比较短小的影线的情况。

（5）一文反弹，情况不妙

⑬是光棍大阴线。

⑭是有上下影线的大阴线。

股市上流传一句话"一文反弹，情况不妙"。所谓"一文"就是指很小。这句话的意思是，如果一支阴线有一个很小的下影线，那么基本上上涨无望，极有可能形成下跌趋势。

有下影线但最后收盘时被拉高了一些，看似多方做了一些抗争，但这些抗争完全没有足够的能力翻盘，将收盘价拉回到开盘价以上，所以这个薄弱的抵抗仅仅是白白地扔进去一些资金，而最终这些资金也将会淹没在而后更加汹涌的跌势之中。以上我们所讲的仅仅是单支日足。要知道，所有的日足都不是孤立的，是有前因并且造就后果的，所有的日足都是处于变动中的日足集合中的一个，所以要想更准确地对股市作出判断，仅仅对单支日足进行分析还不够，我们需要结合这支日足的前几支和后几支日足进行判断和分析。

4. 日足组合

所谓日足组合就是两支或两支以上的日足形成的集合，其中以两支日足形成的组合为主。

很多时候，日足组合，比如说顶型，被解释为由上涨趋势转为下跌趋势之时的日足的型，底型反之。但实际上这种理解和酒田K线法的日足组合不完全相同。

很多K线书也存在这个误区。从实践上来说，这个误区似乎并没有什么大的影响。但是这一误区会直接影响到对于型的深刻理解，因此在型的运用上会变得比较格式化、比较教条。比如说会死板地认为提到顶型就是卖，但是万一失利了不会觉得有什么补救措施，当然也不会去想有什么补救措施。

酒田K线法对于在旧有的观念中无法补救的场合有着非常高明的见解和独特的建玉法。但是很遗憾的是在很多通行本中这些高明的见解却成为了"对号入座"式的规定，使得酒田K线法大大丧失了其价值。

接下来我们将探寻"线的组合"，然后进入"强弱的判断"，之后讲述建玉法。

现在我们打比方说有一支光棍阳线，第二天形成一支和第一天完全等高等长的光棍阴线。这样子的话两天的价格波动可以说是又回到了第一天开盘价的位置。

这两支日足形成了所谓的"拍子木"。实际上在现实中几乎不会出现拍子木。但是线的组合的基础是从拍子木开始的，所以可以说拍子木是非常重要的线的组合。接下来我们会见识各种各样的线的组合。

线的组合的基本思路和见解是非常主观的，貌似都只是些空论，所以很多K线法的版本中都加以摒弃，不作任何记载。

但是酒田K线法的"买线"和"卖线"等型都已经从线的组合的层面提高到了一个新的高度，当然它的基础还是线的组合。所以线的组合的理论具有非常大的含金量，但是太过理论化，所以对于实践的意义并不是特别大。

比如说，两支日足的位置形成怎样的形状，两支日足是怎样连接的，连接方法会有多少种类（型），这些种类的连接方法在价格上会有怎样的变化，体现多空双方怎样的力量对比，这些见解仅仅停留在"意识"层面，都带有很强的主观性。

打个比方说，有一种失利时急买急卖的方法叫做"翻倍下注法"。这一做法是数学上的马丁格尔法则在股市上的应用。从理论上说近乎完美，但是在现实中却几乎不可能实现。

与此相似，酒田的很多通行本中同样认为酒田的线的组合理论非常优秀，但是在现实中却无法应用。所以在这些通行本中略去了线的组合这一章节。

所以载有线的组合的酒田书并不多，也正是因为如此，当我看到载有线的组合的酒田书时倍感幸运，同时也懂得了日足的排列方式、变化方式所暗含的意义，对于如何处置也有了一定的了解。不需要细枝末节的繁缛，但是对于线的组合的基础还是很有必要知道的。

（1）拍子木

图13中的A是拍子木，是由一阳一阴两个等高的光棍日足组合而成的，也叫"折返日足"。因为第二天的收盘价又返回到了第一天的开盘价的位置，因此得名。

第三章 线和线的组合

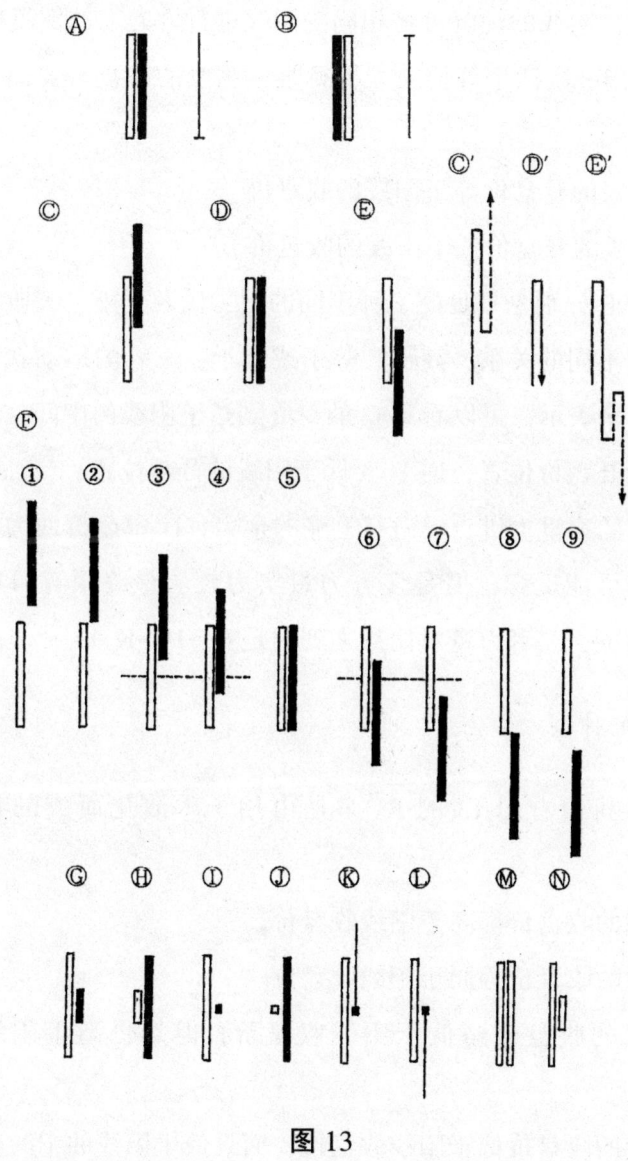

图 13

如果将拍子木两天的走向合二而一,那么所绘制出的日足就是 A 的右图,即开盘价和收盘价等同的日足。

B 也是拍子木,和 A 相反,是由一阴一阳两个等高的光棍日足组合而成的。为了解说上的方便，我们主要以阳线为主进行说明，省略阴线的情况。阴线的理解可将相同的阳线进行方向上的倒置而得出。

C是一阳一阴两个等长的光棍日足，阴线的开盘价要高于阳线的收盘价。

D的阴线的开盘价等于阳线的收盘价。

E的阴线的开盘价低于阳线的收盘价。

C、D、E分别是日足的三种不同的型，代表了第一天收盘价和第二天开盘价不同的关系，高于、等于或低于。三者的运动轨迹分别用C′、D′、E′来表示，可以看到C′的最终到达了阳线的中间位置，D′到达了阳线的开盘价位置，而E′要低于阳线的开盘位置。

从三者的力量上讲，C′尚有上涨的余力，D′中途折回力量比较薄弱，E′虽有可能反弹，但是多方力量实力较弱最终很有可能继续下挫。总结一下，三者力量对比从强到弱是C→D→E。

（2）九种型

接下来我们看图13的F。F是由拍子木演化而成的各种日足组合。

①阴线的收盘价都高于阳线收盘价。

②阴线的收盘价等同于阳线收盘价。

③阴线的收盘价略低于阳线收盘价，但是仍高于阳线的中间位置。

④阴线的收盘价低于阳线收盘价，而且低于阳线的中间位置。

⑤是拍子木。

⑥~⑨的阴线开盘价都低于阳线收盘价，而且阴线开盘价和阳线收盘价的价差越来越大。

G的阴线较小。

第三章 线和线的组合

H 的阳线较小。

I 的阴线非常小，呈星型。

K 中的星型阴线有上影线。

L 中的星型阴线有下影线。

M 两支阳线形成的拍子木。

N 两支阳线，其第二支较小。

（3）日足组合并非型

我们已经叙述过，日足组合的基础是拍子木，以两支日足组合而成的日足组合为主。大家所熟知的卖线、买线、顶型、底型等典型的型都是由 2~5 支或 6 支日足组合而成的。

这样讲来，大家可能大都会认为日足组合是这些型的基础，而日足组合包含两支日足形成的型。但事实好像并非如此。之所以说"好像"是因为我还没有找到确切的证据，但仅从手头的资料来看日足组合并非型。从我自己的理解而言，日足组合和型有以下区别：

①日足组合以两支日足的组合为主。

②日足组合和型在外观上看很相似，但是目的却不同。

③日足组合的目的是用肉眼观察并判断可能发生的事情和不可能发生的事情。

④所以日足组合仅仅是为了便于讲解和学习者理解的目的。

⑤日足组合是为了更好更快地理解和习惯这种记录方式，所以在讲解时尽量避免生硬的说辞。

⑥没有太多的必要讲解日足组合的基础知识。

⑦为了更好地理解后面将要讲的型，目前学习日足组合的阶段要尽可能地多见识各种组合。

（4）了解自然状态下的日足组合

接下来请看图 14。

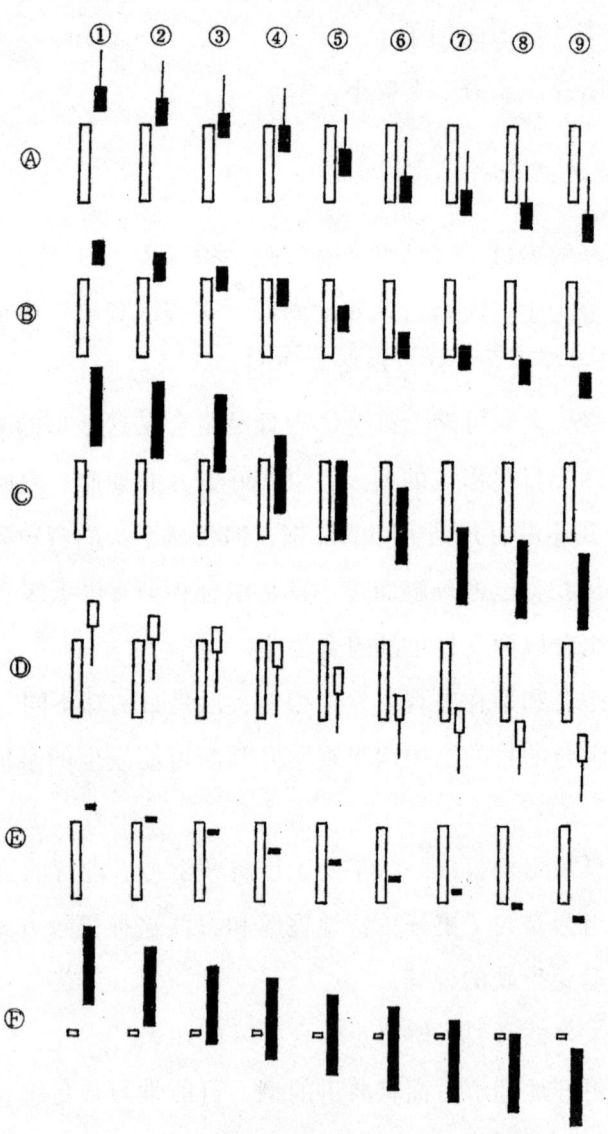

图 14

第三章 线和线的组合

C 行的阳线和阴线等长，最中间一个是拍子木。从 C 行的第一个开始讲，阴线阳线等长的情况可以分为以下 9 种情况。

①第一支是阳线，第二支阴线高开低走（第二天的开盘价高于第一天的收盘价，但是开盘之后节节回落），但是阴线的收盘价仍高于阳线的收盘价。

②阴线依然高开低走，阴线的收盘价到达阳线的收盘价位置。

③阴线的收盘价低于阳线的收盘价，但是并没有低于阳线的中心价位置。

④阴线的收盘价低于阳线的收盘价，并且低于阳线的中心价位置。

⑤拍子木。

⑥阴线低于阳线实体，但是阴线并没有低于阳线实体的中心价位置。

⑦阴线低于阳线实体，而且阴线低于阳线实体的中心价位置。

⑧阴线的开盘价和阳线的开盘价等同。

⑨阴线实体完全处于阴线实体以下。

C 行的阴线和阳线等长。将 C 行的阴线高度缩短到阳线的三分之一，按照以上 9 种的变化规则所演变，出来的便是 B 行。

当 B 行的阴线有最高值形成上影线时，演变出来的日足组合将是 A 行。

将 C 行的阴线缩短到一文（很短）的高度时，演变出来的就是 E 行。

将 E 行的阴阳颠倒，演变出来的就是 F 行。

以上都是一支阳线加一支阴线的组合情况，一支阳线加另一支阳线的组合情况就是 D。

以上就是自然状态下最常见的几种变化模式。可能有人会提出疑问，比如阴线加阳线、阴线加阴线、阳线加阳线时如何变幻，A的上影线变成下影线时如何变幻，这些在绘制上没有任何问题，但是我们需要考虑现实中股价的变动几乎不可能形成以上几种设想，即使绘制出来直觉上也会感觉很不自然。

5. 更进一步地研究日足组合

图14在很久以前的酒田K线法中就存在，但是并没有做太多的解说。下面我将阐述我自己对这些日足组合的理解。

(1) 肯定的日足组合

图14中的A到F的最左侧的日足组合有一个共同特点，那就是第二支日足的开盘价均高于第一支日足的收盘价，之后逐渐走低（除D外），但是最后第二支的收盘价仍高于第一支的收盘价。

在这6组日足组合中，A、B、E的第二支虽然是比较短的阴线，D的第二支是阳线，所以在这几个组合中感觉空方力量很微弱。A、B、E的第二支形成阴线，价格虽有所下跌，但是感觉上价格似乎上涨了，或者说只是上升过程中短暂的休息，之后仍有上涨的力量。这种日足组合是上涨过程中很常见的一种组合方式。

C和F第二天下跌幅度较大，但收盘价仍然要高于第一天。事实上股价虽有所上涨，但由于阴线拉得较长，所以感觉似乎有所下跌。

除C和F外，阴线都不算长，所以下跌的感受并不是太强烈，更多的感受是上涨过程中的短暂休息。但是阴线一旦拉长（即使阴线的收盘价是高于头一天的收盘价），就会感觉上涨遇上了阻力，参与者心理未免会感觉不妙。

由此看来不管阴线的位置是处于高位还是低位，只要阴线拉得比

第三章　线和线的组合

较长就会感觉空方力量强大，股市即将下挫。

【注】

① 如果日足的组合仅应用在以上这种思考方式中的话，那么可以简单地将日足的组合和型等同。但是日足的组合还有除此之外的目的，这一点我们在前面也讲到过。

② C 行左数第六组（所谓的"细带型"）的长大阴线，有时会被看做上升趋势中的回调，关于这一点后面会做详细的解说。

(2) 否定的日足组合

接下来我们看 A 行的 9 个组合。A 行的 9 个组合中，第一支都是阳线，阳线的次日多空方的竞争相对激烈，多方虽一度把最高值拉到比较高的位置，但是最终以阴线收盘。在这 9 个组合中，这支阴线有不同的表现：

①阴线整体高于阳线。
②阴线的收盘价与阳线的收盘价大体相当，阴线与阳线相接。
③阴线的收盘价低于阳线的收盘价，阴线与阳线部分重合。
④阴线的开盘价与阳线的收盘价大体相当，阴线完全落在阳线的价格区间内。

比如说①，第一天是阳线，所以第二天开盘价较高这是理所当然的。像②③④这三种，虽然阴线部分或整体落在阳线区间内，但是开盘价都没有低于阳线的收盘价，多方的优势暂时还有所保留，所以在心理上还是可以接受的。

但是从⑤~⑨，阴线的开盘价低于阳线的收盘价，大多数人可能就会觉得危险正慢慢靠近，有种不祥的预感。这是为什么呢？

这是第一天出现阳线证明多方力量比较强大，第二天多半会继承第一天的优势，所以人们期待着多方不俗的表现。但很意外的是，第二天的开盘价低于第一天的收盘价，所以人们认为很奇怪，不合常理，觉得不可能发生的事情活生生摆在眼前了。

这也难怪，因为阳线的次日突然出现比阳线收盘价低很多的开盘价，这在情理上不通，在实践中发生的概率也比较小，所以人们的直觉还是有一定道理的。要是将A列的9个组合按照发生的概率排序的话，概率从大到小应该是从左向右递减。

如果⑤~⑨的情况真切的发生了，人们会在认可阴线的前提下对第一天的阳线表现出一种怀疑和不信任。

(3) 阴线加阳线模式的日足组合

总结上一小节得出，在判断第一支日足的基础上，如果第二支日足出现了比较离谱的情况，人们通常会怀疑第一支日足。

在A行的左端是发生概率最高的情况，最右端是发生概率比较低的情况。下面我们把A行的组合阴阳、上下颠倒过来可以看得更清楚。

将D行的组合的阳线换成阴线，我们就会发现它成为和A行完全相反的情况。

接下来我们看按照上述规则变幻后的D行的最右端的组合。这一组合和A行最左端的组合在方向上正相反。第一支形成了阴线，第二天形成了完全低于第一天阴线的带有下影线的小阳线。这种组合的出现很常见。可以看出多方进行了一定的反抗（小阳线实体），但是最终收盘价还没有阴线的收盘价高。也就是说，空方力量依然很强大，目前来说依然是空方的天下。A行最左端的组合正好相反，空方虽然进行了一些努力，但是多方还是雄霸一方。

第三章 线和线的组合

下面我们按照上述规则变幻 D 行的最左端的一组组合。第一天形成了一支阴线，所以人们普遍的心理是多方力量较弱，接下来多方力量也不会太强，至少第二天的开盘价会比较低。可是第二天的开盘价却越过了阴线的开盘价，而且这种多方的优势一直持续到收盘，形成了一个带有下影线的小阳线实体，所以人们会对第一天的阴线持一种怀疑态度，感觉情况不妙。

人们之所以感觉不妙是因为平常不太可能发生的事情却活生生地发生了。对于这种不可能变为可能的情况，人们的心理变化是：

①认可第一天所发生的情况，预测第二天的走势。

②第二天的走势与预测极不吻合，进而否定、怀疑第一天的波动。

对于日足组合，我们重视的是看到日足组合后一种直观的、直接的感觉，我们不必要对每一个感觉做出详细的解说。

（4）见识多种组合

要想学好、学透日足组合，必须尽可能地见识多种多样的组合种类。

在前几节中我们学习了图 14 的各种组合。图 14 主要是阳线加阳线组合，所以我们还应该学习比如阳线加阳线、阴线加阳线、阴线加阴线等多种组合。除此之外，要学习在这几种不同的组合中，哪种组合是肯定的日足组合，哪种是否定的组合；在相同的组合中，第一支日足和第二支日足的位置出于什么情况时是肯定的组合，什么情况下是否定的组合；影线的长短，上下影线的区别等，影线对于日足组合的意义等，这都需要我们不断地学习加以掌握。

在此，我们讲究肯定的组合和否定的组合，但我们不会给这二者硬性地规定界限。因为不同的场合、不同的环境有不同的情况，应该巧妙应对，灵活处理。

6. 日足组合和型

某位 K 线研究专家说，在学习、研究日足组合的阶段，要是能见识 90 多种组合就万幸了。

这里所说的 90 多种组合，是指 90 多种类型的组合，比如说图 14 中 A~F 共 7 种组合。要注意 A 中①到⑨并不是 9 种组合种类，而是一种种类的 9 种不同情况。

所谓的日足组合的种类，比如说阴线加阴线、阴线加阳线、阴线加星型日足、阳线加星型日足、阳线加阴线、阳线加阳线、星型日足加阴线、星型日足加阳线。然后再加上这几种组合的不同长短的上下影线的组合，这样算来就是差不多 90 多种组合了。

在型的分类中，比如说顶型和底型，在不同的版本中的顶型和底型有不同的种类，比如说有的版本中分为 10 种，而有的版本中多达 30 种、50 种，夸张一点说简直是无穷尽了。要是把这几十种都牢记住、掌握好当然是好，可是在我看来，这些分类不过是我们学习型的一个基础，只是一个学习的手段，与其浪费时间和精力死记硬背这些种类，不如掌握好最原则性、最根本性的组合，然后能够巧妙灵活地建仓、平仓。

所以，在我看来，90 多种种类有些太过了。日足组合只是一个感觉、一种见解，并不是有理论和计算在内的理论体系，我们需要多见识股市上的各种常见的、不常见的、合乎常理的、出人意料的日足组合，经过日积月累的经验积累完善我们的知识体系、加强我们"感觉"的准确性。

第三章 线和线的组合

(1) 感受日足

如果可以的话，建议大家记录下自己手头持有的股票的波动，试着绘制下这支股票的日足。记住要持之以恒，记录时要边思考边对比每天日足的不同，注意观察上升趋势、顶、下跌趋势、底的形成过程，感受每支日足给自己发来的信号。

有人曾经说感受日足就如同看着地图上的等高线感受山的倾斜度。这一比喻也未尝不可，总之就是要多练习、多感受、多揣摩，熟悉并习惯日足组合、型等的表达方式。

当然多练习多感受并不是说必须学习前文所讲的90多种日足组合，这样一来过于形式化，而且事倍功半。但是我们仍然应该多学习多见识，尽可能地多实践、多绘制些不同种类的日足组合和型。

(2) 符合客观变动——型

日足组合和型的区别主要是目的不同，这在前面的小节中已经讲过。但是二者还有一定的联系。

两支日足组成的日足组合有多种多样，所以其中也包括由两支日足组成的型，可以说型是比较特殊的日足组合。同样，三支、四支、N支日足组成的日足组合也是如此，都包括相应支数的型。

前面我们还讲到各种组合以及我们对这些组合强弱的判断和预测。比如说，我们说某支日足或组合多方力量比较弱，接下来短时间内这种弱势将持续，这种说法只是我们根据现有的情况对未来做出的一种主观上的预测，在客观上股市变动会不会真的如我们所想还有待检验。但是对某些组合预测的准确率非常高，在客观上非常符合现实的变动，也就是说当主观上的判断和客观上的变动极其一致，这种情况下的日足组合我们称之为型。准确率为多少称之为型，是没有具体规定的,因为型是人们经过长期以来的实践经验得到普遍公认的定律,并不是从理论上得出的。

(3) 由日足组合到型

接下来我们看型的形成。

我们看图15。

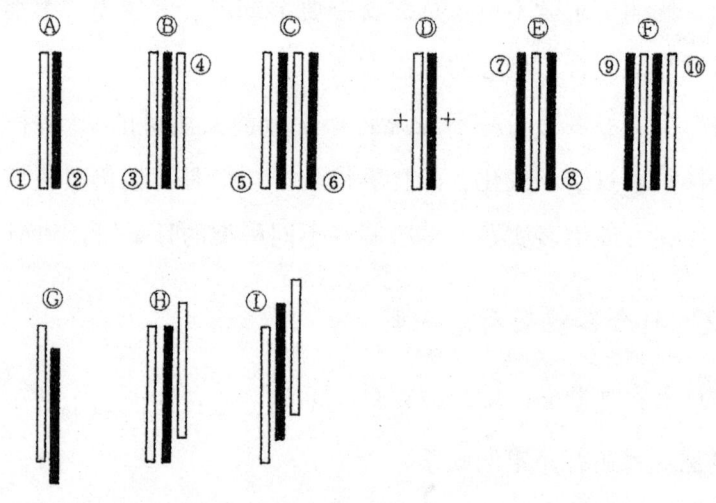

图 15

A是拍子木。第二支是阴线,说明多方力量比较薄弱。这个组合的股价波动是从①到②,股价回到了原点。

B是多了一支阳线,股价波动是从③到④,所以可见多方力量比较强大。

C又加了一条阴线,股价波动时从⑤到⑥,多方力量比较弱小。但是此时要注意,阴线的出现已经是第二次,两次证明多方实力弱小。所以虽然多空双方斗争比较激烈,看似实力相当,但是多方弱小的概率更高。

第三章 线和线的组合

D 从某个股价价位开始，经过一定的波动，最后又回到了原点，所以目前来说处于稳定状态，多空双方都不会有大的表现。

E 和 B 正好相反，股价从⑦到⑧，说明多方力量薄弱；F 和 C 正好相反，股价从⑨到⑩，同样也是多方力量薄弱。

……

以上这些都仅仅是在理想状态下的推断，在现实中很难看到这样子的组合。

下面我们接着看 G。G 中的阴线比阳线稍稍靠下，感觉多方力量稍稍有些薄弱。

H 中的第二支阳线比前面两支日足稍稍靠上，感觉多方力量比较强。

I 中的三支日足实体都渐次升高，并且是两支阳线夹着一支阴线，所以更加感觉多方势力强大。

像 G、H、I 这些日足组合，随着日足组合中日足的变动，逐渐形成接近现实中的客观情况，这时日足组合也就成了型。

第四章
买线的型

1. 型的形成

每天都会形成一个日足。日足代表的是客观事实，是在当天闭市之后统计出的当天的交易状况。我们可以通过日足观察市场的表现，利用我们的经验预测未来短时间内市场的走向。如果实际发生的情况和我们的预测不符，那么我们就可以断定股市有变，可能有情况发生（触顶或触底）。

这种推测虽然只是我们的主观判断，但是，是基于客观事实所作出的判断，所以还是具有一定的可信度的。经验的积累会提高我们判断的准确率，也就是说丰富的经验可以帮助我们做出更加客观的判断。

型对于我们判断股市有很大的帮助作用。一般来说，日足的变动形成型。型是约定俗成、久经考验、准确率比较高的日足组合，所以我们可以通过型来判定股市变动。

酒田K线法中，型、型所附带的条件、根据型的判定而决定仓位大小，这三者是一体的。在后面的章节中我们会针对这三者分别作详细的介绍。

2. 通行本中典型的型

我们都知道，探底时买入。所以"买线"的型也就是"底型"。这里的"底型"即包括触顶回落逐渐形成的真正的"大底"，也包括上升趋势中下跌回调形成的"小底"。

以下几种是在酒田K线通行本中几个典型的型以及对型的解说。在推理和论证方面有些瑕疵，大家不必过度纠结，我们下一节中会讲到这些问题。见图16。

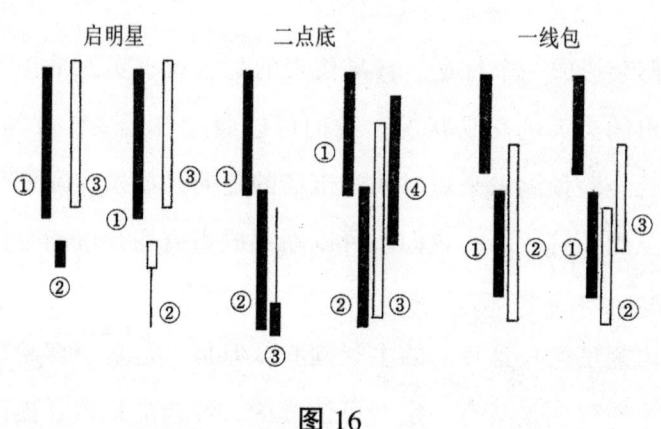

图16

(1) 启明星

米价节节下滑，长达两三个月，人们信心尽失。卖方纷纷抛售，买方人气不足，出现长大阴线亦不足为奇。

翌日，人气稍聚，开盘交易价略低于前日收盘价。市场心态皆预计今日或又大跌，出乎意料地最终形成一个短小阴线。空方力量用尽也（启明星图左）。有下影线的短小阳线更加表明空方过度卖空，严重透支（启明星图右）。

第四章 买线的型

第三日人气聚拢，开盘价明显高于前日收盘价，最终以长大阳线收盘。表明已触底，即将开始反弹。

从下跌趋势转向上升趋势，故命名此型为"启明星"。

（2）二点底

行情一再下挫，卖方疯狂抛售，连续形成长大阴线，人气尽失。

此时，开盘价略高于前日阴线收盘价，多方力量井喷，最终形成一个高于前日阴线中心值的长大阳线。此为空方清偿之前的过度卖空，以及多方新鲜力量的注入的综合结果。次日高位开盘，遂被打压形成阴线，但仍高于前几日阴线，表明空方开始疲软（二点底右）。

人气薄弱，之前过度卖空，空方露出疲态，最终收盘略低于前日，形成短小阴线，没有多余力量下拉，说明空方已走过鼎盛时期，力量开始薄弱。短小阴线的上影线同样也说明了多方力量开始聚集，多方即将发威（二点底左）。

此时宜买入。

（3）一线包

行情持续下挫，人气暴跌，连续出现阴线。忽一日开盘价虽低于前日阴线收盘价，但后劲十足，形成长大阳线，阳线实体长度完全包裹了前日阴线实体（一线包左）。

忽一日开盘价低于前日阴线收盘价，形成阳线，次日又形成阳线。第一支阳线虽不能包裹前日阴线，但连续两日的阳线高度包裹住了阴线实体，也可视为一线包（一线包右）。

3. 通行本中的矛盾所在

大家看了上面的 3 个例子和解说，再回头仔细看下图 16。仔细想

定本酒田战法

一想,这些例子及其解说都得当吗?推断过程都很完美吗?

这3个例子的解说及其推理貌似很流畅,结论也貌似得当,很容易被大家信服。但是在我看来通行本中的这些例子大都一样,表面上看完美得无懈可击,但是细细揣摩就会发现实际上不堪一击,自相矛盾。下面我们将讲述它的漏洞。

上一节的3个例子都是被称为"底型",或称作"买线",是形成底时的型。以下三种情况的出现,也都是以行情长时间不振为前提:

米价节节下滑,长达两三个月;

卖方疯狂抛售;

行情持续下挫。

紧接着就讲到另一个前提,也就是人气下跌:

人们信心尽失;

人气尽失;

人气暴跌。

这两个前提在因果关系上不完全成立。行情暴跌也不一定意味着人气下跌,行情暴跌人气反而渐长的情况也出现过。

假如行情暴跌确实引起了人气下跌,但是这个结论是怎么得出的?恐怕只是一种直观的个人感受吧。

而且,连续两三个月行情下跌讲的是过去的客观事实,而人气下跌是主观的感受,客观事实和主观感受同时论述,这在推论上可谓论法不一致。

我们再看长达两三个月行情持续下跌。这里所讲述的客观事实是"持续"下跌,所以假如这两三个月中有小的反弹,哪怕是再短小的阳线都不符合这一情况了。但实际上中间偶有反弹也照样可以形成底型。

第四章 买线的型

还有，形成长大阴线，同时人气下跌这种情况在"长达两三个月"的下跌中肯定出现过不止一次，何以判定这次即将形成底型，而其他就不会形成底型呢？

触底反弹的信号在几个底型中说法各异。在"二点底"中是"开盘略高于前日阴线收盘"，而在"一线包"中却是"开盘低于前日阴线收盘"，似乎开盘价高于或低于前日阴线收盘价都没有关系，二者皆可，这明显违背了型的要点。酒田K线法的型是开阔的、前后相互联系的，不是孤立存在的，型既有固定的模式又灵活多变，不能简单地总结为开盘价高于或低于前日阴线收盘即为反弹信号。

【注】

　　持续的下跌过程是无法形成型的。所谓下跌，就是收盘价持续下跌，表现在日足上就是不断出现阴线新低，持续形成阴线新值。如果单单是持续的阴线新值，无任何型可言。但是如果在持续下跌的过程中，有偶然的反弹，形成逆行阳线新值，倒是可以成为"卖线"的型。

4．对传统的肯定

上一节已经讲过，在通行本中的那几个例子是有些问题的。将这些有问题的东西拿给世人看，这种做学问的态度真是不负责任。

如果你每天认认真真地按照市场变动绘制日足图，然后某一天发现你绘制出的日足和前面某个型极其相似，简直称得上一模一样，你肯定会按照解说动手买入。之后你可能会发现价格还在下跌，并没有形成底型进而出现价格反弹。这时你会猜测造成这种情况的各种原因，是自己观测不够细致，还是解说不够详细误导了自己，……还是型本身有问题？如果多次经历同样的失败，你肯定会认定是型本身有问题，是型骗了你。

得出这样的结论也难怪，因为型的确有问题。可是如果让冷眼旁观的第三者来评判，可能会说是你有问题，竟然相信什么K线，相信型之类不靠谱的玩意。

堂堂的酒田K线法竟然落得如此下场，我个人都感觉有些悲哀。

话说酒田K线法是先人经过几百年不断的摸索、实践、反复修正最终成形的，说到底也是称得上传统和经典的东西，竟然被这些杂七杂八的伪酒田书糟蹋得面目全非。

所以说并非经典有误，而是经典被误入歧途。在批判经典不精时要反省一下自己，是不是选择了合适的、正确的版本，在选择时自己要持有去伪存真的甄别力。

5. 自我反省

中国儒家有句名言"吾日三省吾身"，说的是作为凡人我们时常会犯错，我们要经常反省自己。

假如在股场上遭遇失败，我们也应该自我反省，看看自己哪里做得不够，哪里做得不好，这样才有可能将失败转为成功。

首先，将日足的型作为唯一的判断依据，足够吗？日足只能显示最高值、最低值、开盘价和收盘价，但是成交量、成交额、换手率，这些在日足之外的因素同样会影响股价的变动，如果我们不把这些资料统筹纳入到考虑范围，做出的判断势必会非常片面和主观。

第二，我们可以也应该结合日足之外的一些因素来做出判断。日足本身当然没有任何问题，但是正如我们在第二章所讲述的，日足无法显示股价波动在时间上的变化。为了避免这一不利因素，我们可以把每天的交易分成四小节，每一小节都用一个日足来表示；或者我们

第四章 买线的型

可以绘制趋势线加以并用。甚至我们可以用与日足完全不相关的因素绘制成K线,比如说最高值与最低值的差,或是新高或新低,这样我们的判断依据就从简单的二元日足变为三元、四元或是更多元,这样有利于我们做出更加正确的判断。

第三,所有的证券交易,不管是实时的现货交易,还是期货交易,同一时间相同的商品(股票)只拥有单一的价格。但是在期货市场中,远月合约和近月合约是有价差的。虽然这种价差根据相关规定最多只能保持6个月,但是这6个月的价差就可以给我们提供很多信息,为我们提供更多的判断依据。①

对于这6个月的价差,酒田通行本中并未作过多叙述,只有以下简单的记载:

> 市场上的人气对期货的价格有很大的影响,反过来期货也体现出了人气的强弱。
>
> 因此,要想参透日足所暗含的意义,应该以研究期货为中心。
>
> 在期货交易中,多空双方大多势均力敌,竞争相应比较激烈,成交量也较大,易于投机、空卖空买后通过回购或转卖了结交易。
>
> 当月结算的期货,市场风向很容易倒向一方,所以绘制的K线图变动幅度较大。

---

①编辑注:在日本期货市场,合约月份是未来的连续6个月(如能源品种)或者未来的6个双数月份(如贵金属品种)。日本期货市场中,主力合约通常是最远月合约,次远月合约交投热度要低很多,越是近月合约,交投越清淡,价格变动越突兀,所以下文中说到:"当月结算的期货,市场风向很容易倒向一方,所以绘制的K线图变动幅度较大。"

在本书中,为了保持原文风貌,将一直使用"限月"这个词代表不同交割月份的期货合约。

在证券交易市场上，期货算是唯一的先行性指标，所以人们往往以期货作为判断依据。

现实中对证券市场的统计，即使是长年的统计，也都是以期货的变动为主的。甚至可以说，市场变动和型也都是以期货为主要研究对象的。

从昭和初期开始对于期货观测方法就有争论。有些专家主张应该分别观测各限月的日足，而有些专家主张只观测最远月足已。而这种争论一直持续至今。

对于 K 线观测上的研究和争论，我们需要更多的背景知识作为支持。

国外的 K 线论中也有型（Pattern），但是这和我们酒田 K 线法中的型是有区别的，总体来说外国的型比我们所说的型的范围要广泛。

比如说在国外的 K 线法中，分别将长期和短期的股价平均变动绘制成两条时而相交时而分离的曲线，将相交时出现的各种情况进行分类可以称为型。还有道琼斯 K 线论中的"头肩顶""上升的隧道"等都可以称之为型。点线图（Point and Figure）中将阴阳线转换分类也可以称作型。

国外的 K 线法究竟是怎样影响酒田 K 线法的，要回答这个问题可能需要写本书了。不过这一问题和所谓酒田 K 线法是集大成者完全是不能混为一谈的。

从明治后期开始，日本开始崇尚西方社会，对于国外的 K 线法也是毫无批判地全盘引进。引进之后和国内的酒田 K 线法进行了混合杂交，酒田 K 线法开始混乱不堪，比如说头肩顶（日本称为三尊型，因为形似三尊菩萨。译者注），日本和西方都有这一型，但内涵和外观完全不同。

日本的三尊型和西方的头肩顶有着严格的区别。日本的三尊型多

第四章 买线的型

为 5、6 支日足组成的小型集合，比如说图 17 的二月合约的顶就是一个日本的三尊。但是国外的头肩顶（Head and Shouders Top）是由一个日足群组成的大的头肩顶，时间跨度上可能半年左右，通过斜线限定日足群的上限和下限，比如像图 1 中的中期波动，像一个上升的通道的样子。

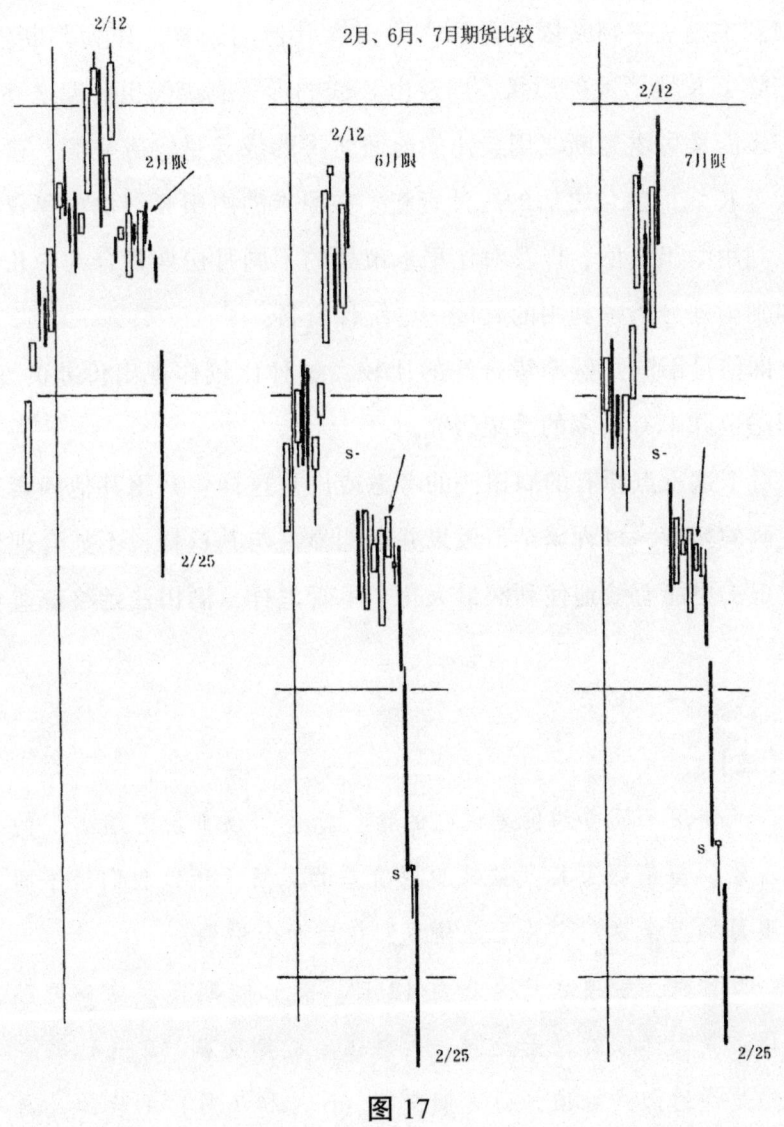

图 17

定本酒田战法

从时间上判断，原本的"小"三尊变为西方的"大"头肩顶很有可能是在明治时代后半期，当然对于这一结论也有些异议。

在原有的酒田K线法中很少涉及这种很宏观的见解。对于这一点我们后面也许会有所涉及。但这和我们现在的主题有所偏离，与我们K线所讲的以实践为目的相比颇为理论化，所以暂且不论。接下来我们回到主题——判断依据是否需要引入其他的因素。作为判断依据，我们除了K线形成的形状，以及由K线的形状剥离而出的型之外，还有许多因素可供判断之用，比如前面所讲的成交量、成交额、移动平均线等K线抽象化之后的统计资料。在原本的酒田K线法中仅仅提到可以利用酒田新值，以及对比稻米市场的不同月份期货合约，几乎没有提到国外分析师利用的其他一些统计资料。

即使是不同月份期货合约的比较，这种比较体现出价差的变化，酒田法也并未有太多的系统研究。

对于这一点原有的酒田法的考虑或许是这样：并用其他因素来提高观测的精度，过程繁杂但效果并不明显。与其这样，不如合理地利用建玉法更能有效地使利润最大化。不管怎样，酒田法始终都避免理论化。

【注】

使用不同合约价差说明的话，就是"顶部价差缩小"的现象，但是酒田K线法缺少对价差的见解，所以我们用不同限月的差来说明。关于差额我们在后面会讲到。

首先，触顶之日是2月12日。有时候期货会早一天触顶，我们选取的例子是同一天触顶。近期交割（2月）的合约是通过阳线触顶，而远期交割（6月和7月）的合约是通过阴线触顶的，所以远期交割的顶是触顶当天的开盘价。可以推测出近期交割的顶是在远期交割触顶之后形成的。也就是说近期交割和远期交割触顶后暴跌在时间先后上不一致。这是不同限月合约的差别的一个体现。这种现象遍地皆是。

在刚刚进入 2 月的时候，出现了逆差额现象。当前的底的形成方式，体现在近期交割和远期交割上也不一样。近期交割通过阴线筑底，而远期交割通过阳线筑底。在这一点上近、远期交割在时间上也出现差别。

其次是价格波动的差别。

从当前的底开始的上涨，越是远期交割上涨幅度越大。而且，上涨直至触顶之后远期交割的暴跌也比较剧烈。

我们来比较图 17 标有箭头的日子，这一天是触顶一周后的星期六。近期交割在这一天的价格大概等同于触顶之前休整阶段的价位，但是远期交割的期价却下跌了很多。比较 2 月 25 日的价格也是同样，远期交割的期价明显低于近期交割的期价。

这种不同限月的价差，在观测上必须予以重视。这在酒田 K 线法中占有非常重要的地位，尤其是在投入试探股时这种观测是不可或缺的。

6. 逆势和顺势

买线是酒田 K 线法中非常典型的一种型。但是型并不会一成不变地出现在现实中，现实中出现的都是型的一些变形。它会更加零散，无规律。但是作为利用型的主体——人，是灵活的，所以我们还是可以将典型的型应用在零散多变的现实中的。

型在现实中虽然会有些变形，但是利用型的方法是不变的。酒田原本中一味地重视型，所以在很多通行本中甚至都抛弃了建玉法。

基于酒田新值的建玉法，也就是买卖法，在酒田通行本中只字未提，这也是造成酒田K线法的价值被贬低的原因之一。所以在讲述各论之前我们首先看一看酒田的买卖法。

(1) 顺势为主吗？

大多数酒田版本中对酒田K线法有这样的描述："酒田战法是以顺势为主的、豪放积极的买卖法。酒田战法严格禁止失利时的急买急卖，是一种一旦出现博利机会，勇敢出手，连续增加投入，获取大利的一种战法。"

细细想来，酒田K线法作为地主阶级现货集散的延伸和高利贷资本其中一环利用的方法，这种投机式的买卖方法似乎不应该如此发达。

不可否认，酒田K线法某些地方是有些投机的性质，但是总体来说酒田K线法对于极端的大量买进和大量卖出非常谨慎。它汲取了对冲的一些技法，是一种切实稳健的买卖法。

酒田的买卖法同时使用"顺势"和"逆势"，这在K线法中非常少见。关于买卖法，我们在第一章已经叙述过了，在后面的章节中还会继续讲到。为了更好地了解买线，我们在此仅对买卖法的基础进行简单叙述。

接下来我们对顺势和逆势做一介绍，想必大家对顺势和逆势应该有简单的了解。

所谓顺势，就是行情持续向同一个方向发展（上涨或下跌），根据这个判断合理建玉、建仓、加仓或平仓的方法。顺势之时的加仓又称为"顺势加仓"。

所谓逆势，就是预测行情将向与现在相反的方向发展，所以需要向相反方向合理建玉、建仓、加仓或平仓的方法。逆势之时的建玉又称为"逆势加仓"。在一波大的上升趋势中的小段下跌时的买入,以及一波大的下跌趋势中的小段上涨时的卖出,都属于逆势。

对于顺势和逆势的解说虽然有些复杂,但是顺势和逆势在市场上经常用到。

(2) 买线

酒田买线主要有两种,一种是触顶回落后逐渐形成的"大底",一种是上升趋势中下跌回调形成的"小底"。

大底的型,由大底形成中的日足以及底部形成后的日足形成,也就是说,到探底完毕为止。但是我们买入的时机并不是大底形成之时,而是探底完毕后,价格稍稍上涨,在可以确定上涨趋势即将开始后买入。这时买入的价格虽然比大底底部略有上涨,但是这为我们的判断提供了依据,也确保了盈利。大底买入是顺势。

小底的购买时机存在于小底形成的整个过程中,当然也包括小底底部。选择小底买入是因为大底形成时判断失误错失良机。小底买入相对于大底买入虽颇有失利,但这也算挽回失利的一个良机,应该好好把握。小底买入是逆势。

很多K线法都讲究在触顶后稍微回落的阶段进行卖出,在触底后稍微反弹的阶段进行买入,而并没有涉及小底(小顶)买入和卖出,这种K线法是纯粹的顺势(酒田的小顶、小底处的卖线和买线是逆势)。比如美国著名的点线图(Point and Figure)就是完全顺势的一个代表,它没有涉及逆势,甚至在解说中都没有相关的词汇。而酒田K线法既讲究顺势也主张把握逆势,这就是酒田K线法和其他技法的不同所在。

(3) 失利后的买进和卖出

通行本中评价酒田战法（"酒田战法"这一称呼本人认为有些欠妥，但由于是一直以来的普遍称呼，故在此借用）是一种豪放积极的技法，以顺势为主。但是通行本并未对何时买入，以及买入量做任何规定。我认为一旦讲到买入和卖出，应该对数量做出规定，这样才具有真正的指导意义。我讲的数量，不仅仅局限于直接的买卖数量，还可以是所占资金量的比例、顺势追加的比率等，但是很遗憾酒田战法中对此只字未提。

在股市上人们经常说"上升趋势中的下跌回调也不失为买入的好时机"或"错过顶部卖出进入下跌趋势后，上涨反弹也是卖出的好时机"。这话倒是没错，但这种好时机之时应该采取怎样有利的建玉法，酒田战法是不是完全没有涉及这一点呢？如果连酒田战法中也没有提到，那真是颇感意外。

在顺势中，如果转为买入时机，买入之后期待即刻就会出现暴涨，或是将卖出合约立刻买回，这种投机性质的方法在酒田K线法中不存在。

是否和建玉法联系起来，看起来是个个人选择取舍的问题，但实际上是一个非常有深度的问题。

酒田买线中，典型的小底几乎都是以"三个阴线新低"为标志表明下跌回调结束。这就是和建玉法的联系。

如果大家手头有酒田K线书，可以打开酒田买线的图示仔细观看。可以说，除了极个别外，大多数小底的型都包括小底形成的整个过程，用酒田新值来说就是从出现阴线开始到出现三个阴线新低即代表小底已经形成并结束，宜尽快买入。

具体的买入方法如同K线书上记载的1：3：5买入法。实际应用如下：

1 买入 10 手（开仓）；

3 买入 30 手（行情见涨，增加投入——"逆势加仓"。目前为止合计 40 手）；

5 买入 50 手（行情再次见涨，再次增加投入——再次"逆势加仓"。目前为止合计 90 手）。

这就是有名的 1∶3∶5 逆势加仓法。酒田的逆势买入对于获取平均利益比较有利。

1∶3∶5 加仓法中的 1、3、5 代表的可以是实际资金量的倍数，也可以是资金量一半的比例。比如说共有 30 手的资金量，可以按照 2、6、10 来分配，共计 18 手，约为 30 手的一半。

逆势加仓就是以上这样。在触底之后的买入是顺势买入。触底完成后的第一次的买入是建仓，可以称为试探股，之后的两次加仓分别依行情而定，三者起各自不同的作用。

7. 大底的型

前面的章节中我们讲述过"启明星""二点底""一线包"等型，接下来，我们边复习这几个典型的型，边深入讲解酒田买线的型。

（1）顺行买入

接下来我们讲解顺行时的型。

此处的"顺行"就是我们在第一章中讲的"顺行"和"逆行"。大底的型可以理解为：下跌过程中出现了逆行（即阳线），这个逆行可能会成为行情的转折点。如果以此为契机，此后行情由阴转阳，那么在接近大底的时机买入是再合适不过了。因为先前的逆行（阳线）

转为了顺行,所以这时的买入称为顺行买入。

【注】与此相反,有逆行买入,这个会在后面的章节中讲到。

A 启明星(小阴线。小阴线的开盘低于大阴线的收盘,阳线开盘高于小阴线收盘,阳线最高值高于小阴线最高值)

启明星是一个比较有名的型,但是露脸的机会却相对较少,但是由此变化而成的型出现次数较多。

在期货交易中,我们根据距离交割日的长短把期货划分为近期合约、中期合约和远期合约。如果是近期合约,那么大底的型应该是类似于 A,但小阴线要更长一些。中期合约就是 A。远期合约的话,中间的阴线日足更加低开,但是阳线的上涨幅度要大于近期和中期合约,可能是更小的阴线,也可能是阳线,不过可以基本确定的是这一日足的开盘价要低于大阴线的收盘价。

期货的中期合约是启明星的典型案例。启明星型在酒田的买线中是相对比较难把握、比较难应用的一种型。

B 上下突破(阳线上下突破,开盘价低于前日阴线开盘价,收盘价高于前日收盘价)

上下突破这一型久负盛名。但是只通过型的这三支日足来判定行情走势还远远不够。刚才讲过启明星型比较难掌握,其实图 18 中 A 到 E 都是比较难掌握的。

我们通常笼统而言"逆行建仓",其实这时买入只是一种试探,应该视后续表现再进行下一步部署。

第四章 买线的型

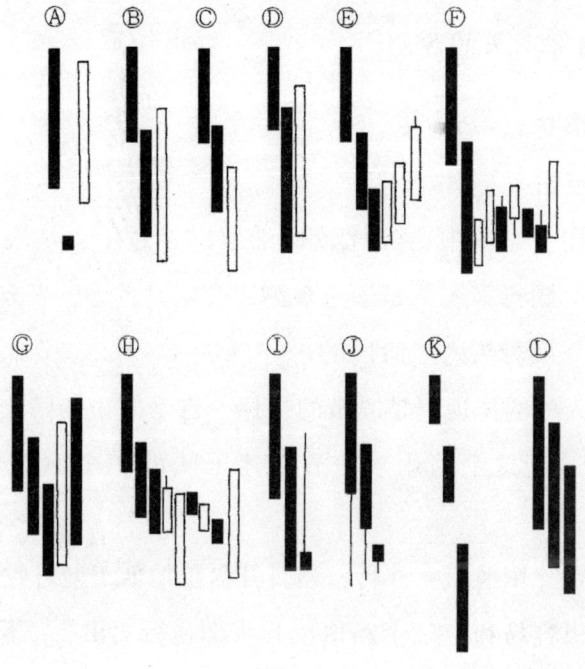

图 18

根据距离交割日的长短（限月）的不同，近期合约、中期合约、远期合约也有以下不同。它们的不同主要表现在第三支阳线的开盘价位置。

近期合约　　错位相交（如图 18C 所示）

中期合约　　上下突破（如图 18B 所示）

远期合约　　就地反击（如图 18D 所示）

可以看出远期合约要提前一天触底。在顶处时，会有以下表现：

近期合约　　高开低走

中期合约　　拍子木

远期合约　　低开低走

在此需要注意的一点是，在底处时的价格变动幅度越小，在顶处时的变动幅度也就越不明显。

（2）期货不买的原则

C 错位相交

D 就地反击

C 和 D 在上一节中已经比较详细地讲述过了，是限月的不同表现。酒田的"顺行买入"是通过观测距交割日越远，多方势力越强判定行情处于"顺行买入"阶段的。

期货是人气的体现，是股市的指标，也是股市的晴雨表。但是我们并不需要追赶这个晴雨表，酒田建玉法的一个原则就是期货不开仓。

E 三阳线（阳线三支并行，当日开盘价均低于前日收盘价）

这个型很容易和"三个新值反弹头部逆行卖出"（下跌趋势中暂时上涨的卖出时机）混淆。

这个型究竟适用于卖还是买，观察相似形状的三支阳线就可以有大体的判断。这一问题会根据限月的比较、型自身不同的变形还有现实中出现的形状的不同而有不同的答案。

（3）集合形的买线

F 混合二点底

图 18 中的 F 像是二点底，又好像是二段整理。其实它既不是二点底，也不是二段整理，只是和这两个型比较接近。

普通意义上的二段整理就是图 19 中的 A 那样，在①处一段下调整理，在②处二段下调整理，这其中人气一度下跌，但之后又上涨。关于一段底和二段底的关系，在研究 K 线的人之中争论颇多。

一部分人认为，定义一段整理和二段整理应该看是否有新低出现。一段整理出现了一个低值，第二次出现新低（比第一次低值更

第四章 买线的型

低）才算是二段整理。但另一部分人认为，即使不出现新低，只要 W 底型出现了即可判定是二段整理。

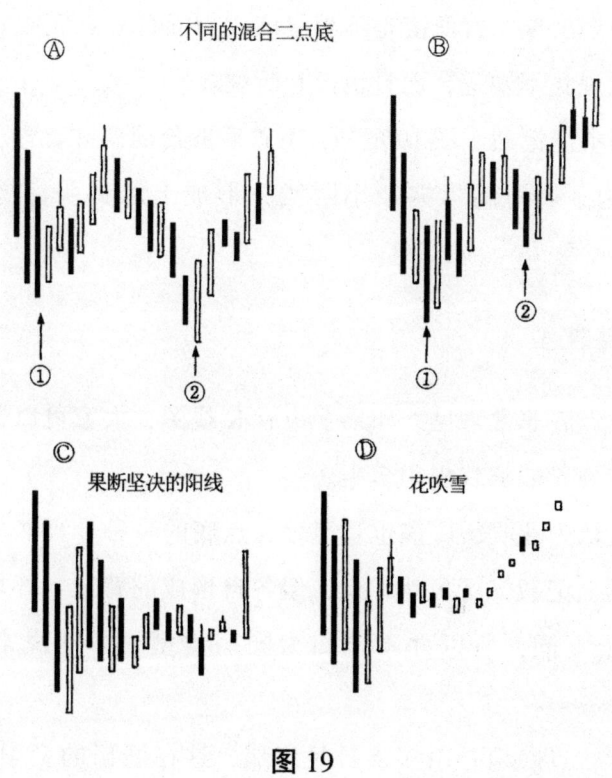

图 19

主张通过新低认定二段整理的人认为，之所以有一段上涨、二段上涨这样的词汇，正是因为有新高出现才能成为第一段和第二段，否则就只是一段。同理，在整理阶段，如果没有新低出现就不可认为二段出现。当然，这种论据我认为有些过于追求细枝末节。

我个人认为，不管是 U 形还是 W 形，第一次出现最低值就是一段底，第二次出现的最低值就是二段底。酒田也没有规定拥有最高值的顶才能是第一顶，拥有最低值的底才是一段底。所以我觉得这种事情没有必要较真，差不多就行了。

图 19C 或者是图 18F 经历了下跌——一定程度上的整理范围内的上下波动。在整理期间，出现两次或三次低值，人气一度下跌。之后出现一支果断坚决的阳线，将上涨明朗化。这型就是混合二点底。

那么如果出现三次低值是不是应该成为混合三点底呢？对于这个问题我只能说我不知道，而且也没有听说过。

有些书中还记载了图 19 的 D，下跌后股价回调并整理，之后出现连续小阳线（中间偶尔夹杂小阴线）形成上涨势头，这就形成了"花吹雪"底型。

（4）整理型

混合二点底非常常见。如果手边有 K 线图，大家可以试着找找混合二点底，想必能够找出很多来。

我个人认为花吹雪应该也是混合二点底的一种。当然争论无处不在，一些书上记载二者虽然相似，但各自形成的背景、环境、上涨的压力等完全不同，所以并不能归为同一类型。详细说来主要理由如下：

①混合二点底型是由多支日足组成，这在酒田的型中非常少见。普通的型多为 2~3 支日足，最多 5~6 支日足，但混合二点底的日足明显要多得多。

②花吹雪和混合二点底的前半个型很相似，但后半截截然不同。混合二点底有明显的一段底和二段底（不管二段底高于还是低于一段底），但是花吹雪出现一段底后，并没有形成明显的二段底，二段底似乎幻化成了一个弧度较小的锅底形。

③从触底转为上升时二者也不相同。混合二点底有一支坚决果断的阳线作为上升开始的标志，但是花吹雪型只是如花瓣般一点一点形成涨势。出现如同混合二点底中那般坚决果断的阳线是花吹雪型完成

大咖智慧 · 课堂赋能 · 成长陪跑
—— 一站式视频学习训练平台 ——

- 舵手寄语 -

20年前,我们怀揣梦想与激情,开创了舵手图书品牌,旨在整合中外资源,传播最有价值的投资思想。

20年来,舵手出版了上千种证券图书,我们以书交友,诸多交易者成为我们的老师、知己,给予我们真诚的信任、赞许和建议。这一切我们感念于心。

新时代,新征程,我们将以更加积极的姿态为交易者赋能,做交易者的守护天使,力求让交易者一站式读懂投资,成就交易者的财富梦想。

- 学习路径 -

从"大咖智慧+课堂赋能+成长陪跑"三个阶段学习行动路径,为交易者快速成长保驾护航。

大咖智慧
国际大师名著+国内大咖分享
市场思维、交易体系、操盘方法

课堂赋能
直播授课+线下特训
提升认知、启发思维、建立系统

成长陪跑
读书沙龙+陪跑计划
社群研讨、修炼内功、陪伴辅导

舵手邀请你一起学习
不可错过的精品课程
邀请你和我一起成长

舵手招募课程体验官
-DUO SHOU ZHAO MU KE CHENG TI YAN GAUN-

- 赠送 500-5000 元学习基金,学习舵手精选课程,有故事 / 爱码文 / 会拍视频有加分哦,分享课程还有额外现金奖励;
- 免费看舵手直播课;
- 免费参加舵手读书会社群研讨;
- 全场图书享受折上 95 折;
- 操盘进阶课程全年 9 折;
- 作者见面会优先报名通道;
- 舵手官方大会优先报名通道;
- 优秀者可晋升社区合伙人、城市合伙人。

扫码即可加入!

第四章 买线的型

很久之后的事了。

④混合二点底在大底处出现较多。花吹雪也在大底处出现,一般来说形成上下突破,但也会出现在三个或五个阳线新高之后的下跌回调阶段或休整阶段。

对于以上说法,我个人觉得不尽然。理由如下:

①纯 K 线信奉论者只信任 K 线,对于 K 线之外的其他因素,比如成交量等等视而不见,也不去评测宏观经济环境,单纯信赖 K 线,得出的结论当然会有失偏颇。

②酒田新值虽讲述到"阳线新值五支之后出现三支阴线下调",但这并不是绝对性的条件。如果过分苛刻地遵守这一原则,那么很容易丢掉花吹雪型。

③在观察型时,要避免先入为主。比如武断地认为花吹雪型并不是混合二点底,其实并不然。

(5) 门闩底

H 并立

鉴于上述我说的一些原因,将并立型归为混合二点底也不为过。并立型在限月上的差异,不管是顺行还是逆行都和混合二点底不谋而合。

比如说不管在顺差时还是逆差时,每到月末交易日,近期交割,也就是当月月底交割的期货容易出现暴跌,但其他限月都不会出现暴跌。具体过程为:

近远期交割的期货价格同时进一步下跌;

之后近期交割的期货价格持续下跌;

远期交割的期货稍作休整,期价小范围内波动总体保持稳定;

最后远期交割的期货筑底形成混合二点底或并立型的底,在月末交易日过后价格又急涨而上。

从上面可以看出，近期交割相对较弱，而远期交割明显坚挺。远期交割的坚挺程度堪和混合二点底最后出现的那支果断的阳线相媲美。

酒田K线法对于以上这种不同限月的差别仅仅停留在较为低层次的阶段。我将这种限月期价的差别归为价差的变化，因此在不同的场合还会出现价差的扩大、缩小、转换、开闭运动等。从原则上来讲，我觉得K线观测者应该对以下几点有充足的认识：

①通过日足走势判断出多空双方的强弱；

②最终是要落脚在各限月差价的变化上；

③所以，可以综合对各限月差价的变化，以及某一限月或两个限月（当月交割和远期交割的不同合约）之间的价差的对比更好地把握市场。

总的来说，并行型的底，第一支逆袭线（逆行的阳线）可能成为第一支顺行阳线。之后进入双方僵持相对稳定阶段。期间小阳线或有出现，但最后出现一支和第一支逆袭阳线等长或更长的阳线打破僵局，市场局势瞬间明朗，筑底，局势由阴转阳。由于这支阳线的出现像是一个门闩，门闩前后风景迥异，所以被称为是门闩底，是多方势力较强的底型之一。

（6）逆势时的买线

G 交叉二点底

混合二点底由两到三支日足组成。混合二点底的一段整理和二段整理很容易辨别出来。底型中绝大多数型都属于混合二点底，其中在短时间内形成的由四或五支日足组成的型就是我们要讲的交叉二点底。

第四章　买线的型

如果单单讲"二点底"就是指图18的 I——上影二点底，那么将图18中G的阳线和阳线后面的那支阴线合二而一，这样形成了和 I 相同的形状。从这个意义上讲，交叉底也可以称为交叉二点底吧。

交叉二点底和混合二点底最大的区别是交叉二点底是逆势买线，而且交叉二点底不是集合形。这一差别同样适用于 I 的上影二点底。

作为酒田底型的一种，交叉二点底属于逆势买线，大底形成的经过大抵如此：混合二点底的第一个底→混合二点底的第二个底→平缓的下跌→急速上涨时的下跌回调。

这种形成大底的方式极其常见。我们可以通过对这个型的理解来思考合理有效的建仓方法。

以下两种方法可以有效降低买入的平均价：

①下跌受阻减速时加仓买入。

②在涨势的阴线处逆势买入。

计算买入平均价的方法根据以下四种买卖方法而各有不同。建仓不一定是一次完成，很多时候是通过二次加仓、三次加仓来完成的。而且根据价差和既有的仓位，限月的选择也有所不同。

①建仓买入（买入开仓）。

②建立卖出对冲（对冲锁仓）。

③通过转卖或回购进行平仓的空头持仓（平仓）。

④作为试探股的多头持仓（试探仓位）。

交叉二点底在限月上的差异可以说是远期交割的大底要比近期交割的大底出现得早，而且远期交割是通过阳线的开盘价，近期交割是通过阴线（当日或次日）的收盘价来达到最低值的。而这也是顺差时最常见的底的出现方式。

（7）阴线组成的买线

接下来我们讲由阴线组成的买线。请看图18的 I 到 L。

定本酒田战法

I 和 J 中最后一个短小阴线有时也可能是阳线。短小阴线便于理论说明，而且短小阴线看起来也比较美观，所以很多版本中多选择短小阴线来讲解。

I 二点底（上影二点底）

J 下影低值等高星（二支并列下影阴线。并列三条下影线）

有人说 I 和 J 原本是属于二点底的，但是事实到底如何至今还不清楚。

在我看来，二段整理、交叉二点底这样的型在旧有的酒田书中就属于二点底，所以将 I 这种型归于嵌入型而非二点底比较好。

但是如果将 I 倒转，将阴线变为阳线，那么我们得到的是二点支撑型和头吊脚型，这是绝好的顶型。所以当它作为一个底型时，我觉得将 I 称为二点底型也未尝不可。

但是 I 与顶的二点支撑型是有区别的。二点支撑在大顶处和次大顶处时有出现，但是与之相反的是 I 这种二点底很少出现，而且在远期交割的期货交易中也很少出现。

在期货交易中，不同限月的区别表现为近期交割的二点底的阴线更加突出，远期交割二点底的阴线相对来说更短小，而中期交割就恰如 I 所示。

下面我们说下影低值等高星。

通行本中对下影低值等高星的总体表现表述为：

每日下挫，阴线频现，但每日收盘价并没有像预期那样下挫。每天形成下影线，但最后收盘时股价又拉了上来。

进一步下挫遇到了相当的抵抗，所以形成下影线。

次日的开盘价较之前日更加低开。

但是情形并没有想象的那么糟，开盘价虽低，但没有形成大的阴线，只形成一个短小阴线。

　　通过这次斗争，空方力量用尽，次日行情开始转阳。

以上的表述个别地方有些牵强，但 J 这种情况出现比较少见。实际上，最后一支日足变化为大阳线的情况更加常见，所以形成阴—阴—阳，也就是"并列二阴的阳线"的型。

如果 I 和 J 的第二支阴线的开盘价比图 18 所示更低，而且带有下影线时就类似弃子型了。如果接着出现一支阳线，就成为完全弃子型了。

8. 脱离

（1）脱离和跳空

"脱离"和"跳空"这类词语经常在股市上应用。

"脱离"有以下几个意思：

①稳定脱离是指行情比较稳定，股价围绕一个中心值上下波动之时，多空任意一方打破僵局，股价开始明显上涨或下挫。

②在第二个意义上"脱离"和"跳空"是同义，即当日的开盘价明显高于或低于昨日收盘价，进而形成一个缺口。脱离幅度较大者，股价一下子上涨或下跌到昨日甚至是前日的水平。

不管当日的开盘价向上脱离或向下脱离，只要当日出现新值，并且这个新值和前日有很大的价差我们就可以称之为脱离或跳空。

对于脱离，国外通常有图 20 所示的三种区别。国外脱离被称为 Gap，即缺口。

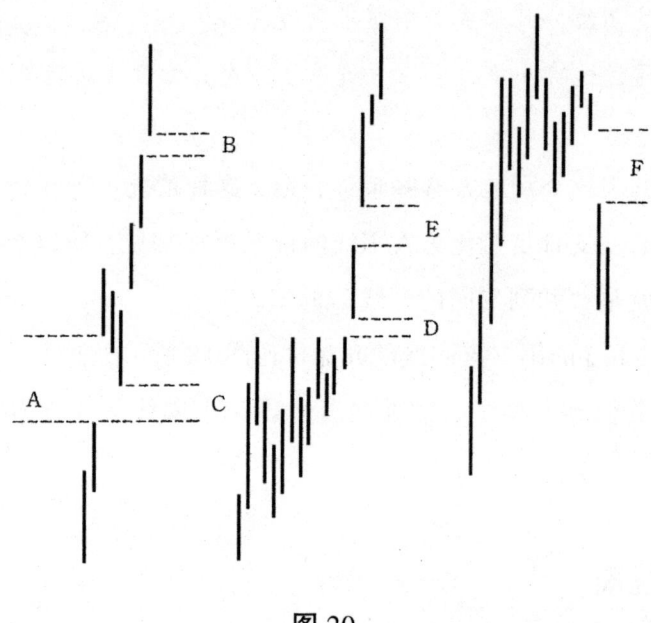

图 20

① 普通脱离国外称为 Normal Gap，图 20 的 A 和 B 就是普通脱离。

A 和 B 在日本被称为"跳空"。跳空 A 出现后，股价下跌到达 C，继而继续上涨。此时 C 并没有低于跳空 A，所以被称为"跳空未封闭"或"间隙存留"。C 之后股价继续上涨，我们就可以说跳空 C 开启。

② 特别脱离国外被称为 Break Away Gap，是指经历过行情相对稳定阶段，突然出现大的股价波动情形之下的跳空，比如说图 20 的 D 和 E 就属于特别脱离。Break Away 是脱离的意思，和我们所说的脱离是一个意思。当出现和目前为止完全不同的波动时就可以称为特别脱离。

③ 第三种就是触顶之后的脱离。多方力量用尽，疲惫不堪，所以出现了脱离。英语为 Exhaustion，意为"竭尽""消耗""完全"。

理论知识我们就介绍到此。对于稳定脱离，也就是稳定阶段突破

第四章 买线的型

平衡的脱离，不管是否跳空只要是多空任意一方打破僵局突破而脱离原有的均衡都可以称为稳定脱离。而如果稳定脱离时跳空了，那么以这个跳空为界限，多空双方或将站在更加有利的位置，或将处于更加不利的境地。如果是占据有利位置，那么就应该考虑建仓、加仓了。

（2）连续下跌的四种型

"跳空"这个词在江户时代的K线书中虽还未出现，但在当时"脱离"已经被广泛应用。在当时只要是出现股价较大的差别都可以称为脱离，与是否出现跳空无关。

我们目前所见到的都是一个跳空单独出现的情况，其实在实际中还有两个跳空连续出现的情况，这种情况我们称为"二空"。比如说图18中的K——大底时的买线，就可以称为"二空的悬跌"，图21的B也是如此。

图21

K 二空的悬跌

K 出现两次脱离，而且是两次跳空，而且每天的跌幅都要比前一天大，阴线实体的长度也越来越长，表示下跌幅度由 200 日元到 300 日元，再到 400 日元，下跌幅度越来越大，市场上纷纷抛售，行情一落千丈。

二空的悬跌外，还有三空悬跌。三空悬跌从字面上就可以看出是指三次大的跌幅，出现了三次跳空。

二空悬跌或三空悬跌，大规模的下跌之后，市场上停止抛售，继而形成底。可能有些读者会疑惑，什么时候抛售停止触底呢？对于这个问题我的答案是依情况而定，没有标准可言。

在此还需提醒大家，二空悬跌或三空悬跌的型并不限于几支逐渐增长的阴线，比如像图 18 的 K 那样子，当中还有可能出现两支略短的阴线，之后再脱离继续大幅度下跌。我们可以把这两支略短的阴线看作一条长的阴线，这样就好理解了。型的变化比较多样，大家要灵活掌握。

(3) 交跌

L 三连阴连续交跌（三阴交跌）

图 18 的 L 和图 21 的 D 是同一个型。这个型的特点是逐次大幅度下跌，阴线拉得也越来越长，但并没有形成跳空。

也就是说以低价收盘，次日高开低收，接下来依旧是高开低收，所以形成了图 21 中的 D。在这个过程中，高开低收反复出现。

在这个型中，三支阴线均低收。如果三支阴线在保持低收的情况下低开的话，会形成二空悬跌。当然这种假设有点牵强。但不管是上一节讲的二空悬跌还是现在讲的三阴交跌，同样都是跌，而且是连续的跌，连续出现新低。

二空悬跌和三阴交跌出现频率比较高，在小豆或大宗投机买卖的股票中大概一个月就能出现一次，可以说是非常典型的型。

除了二空悬跌和三阴交跌外，类似的大幅连续下跌的型还有多种变形，比如说图21的A和C。

A被称为"二空滞跌"，C被称为"交叠滞跌"或"三阴滞跌"。比较A、B和C、D，虽然同是二空和三阴，但是二者还是有很大的区别的。B、D的跌幅越来越大，而A、C的跌幅却越来越小，比如说跌幅由400日元减少为300日元，然后又减为200日元，感觉下跌被抵抗，下跌幅度慢慢减小。

在顺势中，近期交割的期货往往出现悬跌或交跌，远期交割的期货往往出现滞跌，然后触底形成底型。

在逆势中，近期交割往往出现滞跌，远期交割往往人气急速下跌，持续下跌出现悬跌或交跌，形势一度恶化。但最后出现阳线终结了进一步的下跌，行情开始转阳。

9. 小底时的买线

所谓小底，我们前面也讲述过，就是指上升趋势中下跌回调形成的小底。

下跌趋势形成的大底和上升趋势中下跌回调形成的小底虽然同是底，那么二者的不同到底是什么呢？

我个人认为这是一个大问题，但是很遗憾我从未读过有关此问题的论述或文章。而且，酒田K线法从古至今的各种版本中也未出现过关于此问题的论述。

虽然如此，我个人依然坚持认为这是一个大是大非的问题，所以有必要在此添加一些说明。

【注】
　　大底、小底的区别与上升趋势中的大顶和下跌趋势中上涨反弹形成的小顶是很相似的。
　　简而言之，与从触大底后上涨过程中形成的小底相比，何处筑顶更值得我们关注；同样，与触大顶后下跌过程中形成的小顶相比，何处筑底更值得我们关注。

我们来看图22。A是大底，B是小底，C是大顶，D是小顶，E是大底。A和E同为大底，不同的是A已经触底，即将上升，而E是即将触底，大底开始形成。像B这样的小底在上升过程中不止会出现一次，往往会伴随着行情的上升和回调整理多次出现。同样，像D这样的小顶在下跌过程中也会出现数次。

很多学习K线的同学，甚至是长期单纯通过K线的形状进行技术分析的交易员对底型都有以下误解，大家共同看一下自己也是否有这样的误解，有则改之，无则加勉。

①发掘底型，然后可知行情即将上升，继而建仓抓住上升趋势。
②大底之后找到小底，加仓，提高收益率。
③抓住大底，不放弃小底，大底小底一起抓，顺上升趋势而动。

以上这种认识不能说完全有误，但是在实施起来就会发现并不具备指导实践的意义。

第四章 买线的型

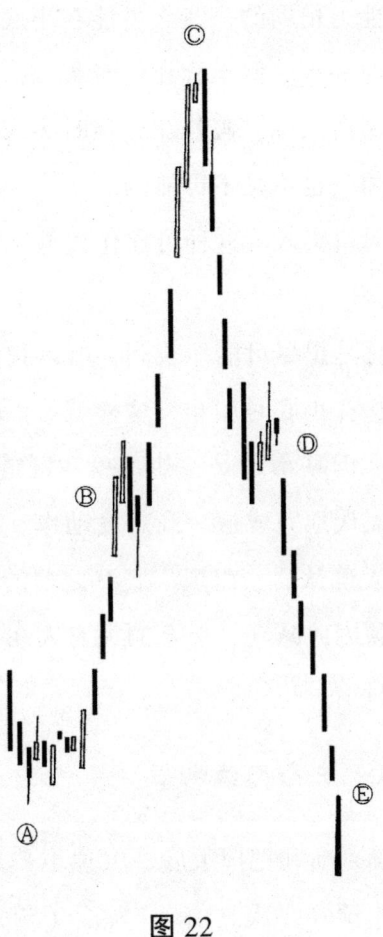

图 22

（1） 太过理想终成空想

接下来我们解析下上一节中讲到了几个误区。

我们在股市上很多时候都会失手。很多情况下我们失手不是因为没有抓住小底，而是因为我们没有正确判断出大顶，延误卖出时机从而导致失利。

在实践中大底确认后我们最应该做的就是确认何处筑大顶，除此之外别无他法。比如说，在买入阶段，手疾眼快的可能在大底时已经

103

买入，信息和判断能力稍弱的一些人可能在小底时买入，还有人可能在小底前面的小顶时买入。但不管在何时买入，只要是在大顶之前买入就可以获利。甚至可以说，假若在大顶时买入，假如能够合理地处置所持股票，避免损失也不是不可能的。

在小底的最佳时机买入，这种可操作性低、技术要求高的高难度动作就是失败的原因。

在市场上我们总是想尽可能地获利，所以我们总是认为在上升趋势建仓的大前提下，在小底时加仓，这样就可以使利益最大化。这是个几近完美的想象，但基本上是空想。就我混迹股市30年的经验来说，没有人能准确无误地完成这一高难度动作。在进入大顶之前有多个小顶，比如大底A确认后、出现小底B之前的小顶，把任何一个小顶错误地判断为大顶因此减仓、平仓的大有人在，所以对于扑朔迷离的股市我们不能太自信。

（2）小底买入：三个阴线新低

在现实中，准确判断和把握大底、大顶当然是最重要的。除此之外在大底形成后的小顶（小底之前）、大顶（转为下降趋势）形成后的小底也应该多加注意。同样，在大顶形成后要正确判别小底（小顶之前）、大底（转为上升趋势）。这些是难点，也是我们在实际运用中所应该掌握的重点。

比如说我们正确判断出了大顶，并且抓住这一时机顺利将买入的股票卖出，赚了一笔乐不可支。大顶过后出现小底，我们却错将某个小底当做大底因此买入或由卖方变为买方，事后发现上当了，怅然若失，好不容易把握住了大顶却又输在了小底上……

回忆获利的时候，一般的做法是找准大底，然后小顶处继续买入，小底处也继续买入。当然在小底处买入之时颇感风险之大，所以偶尔也可以尝试在小底处卖出一些，然后在恢复上涨之时再次买回。在回顾这一段路的时候，可能会自悔当初调整仓位做了好些无用功，但不管怎样只要我们能持买入仓直至大顶处，这就是最重要的。

作为实践，我认为应该从底和顶的形成顺序学起。一般来说顶和底的形成是这样的：大底的完成，小顶，大顶，小底，走向大底。

小底买线的原则是当出现三个或三个以内的阴线新低时可买入。

这一点不会在正统的酒田 K 线法的书中出现。

正统的酒田 K 线书单单载着酒田日足、酒田新值的计算方法等。而我所做的延伸的部分，都是由酒田新值的角度延伸出来的大顶和小顶的决定性的差别。

接下来我们就看看作为日足的型又有何差别。

10. 底的特点

在实践中对于小底有以下不同的看法：

①对于实践家来说，小底的界限，也就是小底的底是值得关注的地方。目前为止几乎所有的 K 线书上都这么说。

②但是有些人却认为，更应该注意的是小底之前形成的小顶。根据逆势建仓法，关注小顶更加合理。在触底确认后应有效观测 K 线确认顶，小顶也是顶，所以也需要关注小顶，建立对冲。可以说小顶和小底是一体的。

这两种说法都有一定的道理，但是在实践上来讲这还是一个疑问。所谓的小底，是从上一个小顶的顶部到此小底的底的一段比较小的下跌过程。为了说明这个问题，我们在此先插入下跌行情的特征。

(1) 小底最多出现三个阴线新低

上升趋势中的下跌回调是说上升趋势中出现价格下跌筑成小底后

价格再次上涨。在酒田K线法中上升趋势中的下跌有很多标准化的型。

对于上升趋势中的下跌回调（小底）的买线，从外观上有以下几个特征：

①小底的买线包括先前形成的小顶、小顶后的下跌以及下跌结束后上涨的开始。

②当前的小顶形成之前所经历的上涨、当前的小顶、形成小顶后开始的下跌的这一过程。

③从当前小顶形成之后进入下跌开始，到下跌完毕开始上涨为止。

以上三种小底买线的型都是到下跌结束成型。

在实践中小底的买线分为下跌过程中买入（逆势）和下跌结束开始上涨过程中买入（顺势）两种。

【注】

①在上升趋势中要关注触顶，在下跌趋势中要关注何时触底。对于上升趋势中下跌回调的研究其实是为了探寻合适的买入时机，适时加仓，加大获利的筹码。

②所谓盘整就是在波动幅度较小的情况下，上升和下跌的交互出现；但上升趋势中的下跌并不是小的下跌行情和反弹（小的上涨行情）的交替出现，它并不像盘整那样有节奏感。

通过对酒田小底的研究我们可以得出一个结论，一般情况下上升趋势中的下跌行情最多出现三个阴线新低。

有些小底出现了三个阴线新低，有些只出现一个阴线新低，而有

第四章 买线的型

些新低甚至以阳线的最低值的形式出现。

既然有了这么一个原则，那么我们就可以不依赖型了。为什么这么说呢？答案在我们观察小底的买线之后，思考下基本的买入方法后便可得解。

（2）燕型买线

A 燕型回落（大阳二阴逆变）

图23的A到D都是久负盛名的"燕型"。

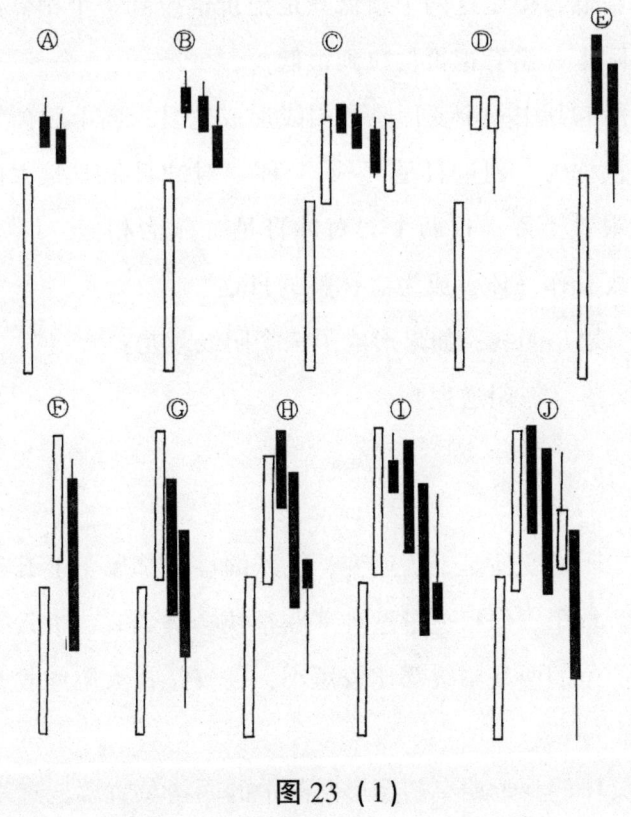

图 23 (1)

A型是非常典型的燕形，但在现实中它的变形在实践中更为常见。

A 出现的背景是行情已探底，A 的阳线的开盘价成为最低值（持续下滑的行情下，拉出一支开盘很低的大阳线），在这个上升过程中稍作调整，形成两个短小阴线。

也就是说，这是在单纯的上涨过程中出现了一个休整。在近期交割中，所形成的两个短小阴线会停留在更低的价位；而远期交割就会如 A 所示，两个短小阴线会落在和阳线收盘价差不多的价位，形成两天（左右）的新低值。

这两个短小阴线第二支要比第一支低，进而形成两个阴线新低。虽形成两个新低，但是这两个新低只是把价位拉到一个稍低的位置以作调整，实际上并没有把价位拉到很低。

燕形回落的其中一个变形是大阳线形成次日，向上脱离形成一个十字星型，被称为"对冲日足"。另一种"对冲日足"是大阳线形成次日，价格艰难上涨。这两个"对冲日足"颇为相似，可以将 A 的两个短小阴线看作一体，成为"休整的日足"。

A 有两个短小阴线，如果形成了三个阴线就是：

B 三燕回落（三阴逆变）。

（3）首次回调休整

不管是二阴逆变还是三阴逆变，下跌的性质都属于上升趋势中空方势力的短暂抗争。但很遗憾这种下跌很快会被纠正，进入下一轮的上涨。而且抗争的两支阴线都比较短小，仅仅是在大阳线收盘价略高或略低的位置停留。

说得更具体些，近期交割燕形回落中的阴线位置要比远期交割的阴线位置略低。

在上升趋势比较缓慢的情况下，由于多空双方的反复斗争，多少会出现价格的上涨和下跌反复僵持的局面。

C 三手逆变：

C 是小型的价格上下反复波动的典型。在通行本中冠名为"五燕并飞"。

当然燕子的数量越来越多，所在的背景和所表达的含义及内容也应该有所差异。如果内容没有实质性的改变，型就不能称之为型了。

不管是三手下跌还是五手下跌，这些下跌形成了小规模的下跌行情。

当然这些下跌行情的规模的确很小，称作价格横向发展可能更为合适。但不管怎样，价格从新高值下跌到低点，总而言之价格是下跌了。

在价格横向发展的阶段，不同限月的价差是拉开了还是更小了，哪种情况发生更多呢？

D 向上脱离二点高（向上脱离二阳线，向上脱离并行小阳线）

向上脱离二点高是以前绝对买线二点高的变形。在有些情况下会变成强力的买线，但看作是燕型的一种变形更为合适吧。

总括来说 A 到 D 都属于"首次回调休整买线"。在大底之后或者盘整之后，多出现三个或五个阳线新高。

11. 上涨中途的下跌

首次回调休整大体来说都比较浅，所以即使下拉形成酒田新低也不过是能形成两个新低而已。

即使是出现三个酒田新低的时候，高开的阴线比较多，而且多形成小阴线。高开低走的长大阴线一般不会出现，下跌幅度也比较小。而且阴线的高度多数都不会高过阳线。

各限月期货有以下非常明显的特征：

①近期交割的下跌更为深入。

②远期交割的下跌幅度比较小。

③近期交割的上涨幅度相对较小，而下跌相对深入；远期交割的上涨幅度较大，下跌相对比较小。

④所以，各限月的价差较大。

通过远期交割和近期交割的对比，可以判断出期货的强弱，也就是上涨力量的强弱。首次回调休整也有可能不出现阴线，比如说图 23 的 D，而是通过阳线来完成下跌。当然这个下跌不是纯粹意义上的下跌，只是上升途中的一次短暂休息。如果硬要说是下跌，也可以理解为高开的阳线通过下影线完成下跌。

所以，首次回调休整（初跌）不管是线的组合，还是集合型，都是比较单纯的。

与此相对应，与首次回调休整相比，上涨中途出现的下跌表现出了完全相反的特征：

①既不高开也不低开；

②多出现长大阴线；

③线的组合和集合型都比较复杂；

④多明显地出现两到三个阴线新低。

（1）三个型

上涨途中的下跌，酒田的型大致可以分为三种：阴阳相交型、滞跌型和二点底。而在实际股市中与此有细微不同：细带型是急速的一段整理，滞跌型是暧昧的一段整理，二点底是择日而定的二段整理。激进上涨的行情中，这些型的日足数量从两三支日足到五六支日足不等。缓慢上涨的行情中，会表现得更为复杂些。

第四章 买线的型

E 高开二连阴（高开交跌）

高开二阴线在一支大阳线后出现两支连续高开低走的大阴线。如果此时形成的不是大阴线而是小阴线，那么就会形成燕型。高开二阴线从上涨开始就受到空方的强力打压，所以此时的下跌也比较深重。

有些书上将高开二阴线归为阳阴相交型。但大体来讲阳阴相交型的阴线应该和前一支阳线有重合之处，高开二阴线的两支日足明显高于阳线而没有交集，所以我认为将高开二阴线归为阳阴相交型欠妥。

高开二连阴的阴线因和前日阳线没有重合，所以价位也比前日高。但是毕竟形成了阴线，感觉始终是下跌，心理上也倾向于利于卖出。

第二支阴线要比第一支阴线更长，远期交割的第一支阴线要比近期交割强势，远期交割的第二支阴线也比近期交割要容易发生暴跌的情形。所以要注意卖出时远、近期交割的差额会出现缩小。

（2）一段整理的型

F 低开阳阴相交型

F 是典型的单支阴线的低开阳阴相交型。典型的两支阴线的低开阳阴相交型就是 G 了。F 或 G 这种阳线后下垂的阴线我们称作"细带线"，是绝好的下跌买入时机。

在多方比较强势的情况下，一般会出现一到两个阴线新低。第三个新低一般是由下影线来完成。

这种阳阴相交一般是以很短时间的下跌来作调整。从这种调整的角度来说，这种调整是非常急速、非常激进的一段整理。

E 的高开低走，F 和 G 的低开阳阴相交，都出现了下跌，我们如何判断这次下跌是上升中途的下跌而非触顶回落呢？是不是非得等到下跌结束后续又有上涨才能做出判断呢？其实这里有一个小窍门可以帮助我们作出判断。那就是像 E、F、G 型一般出现在上涨趋势中首次回调休整后出现的第五支阳线之时。

当然，这种下跌也会经常出现在大底开始五支以上阳线处。首次回调休整比较复杂的时候，从大底开始和从首次回调休整的底开始数，阳线新高极有可能出现在相同的位置。这给我们的判断带来了不便，但是我们要记住低开阳阴相交型是出现在急速上涨中途，所以大家要充满信心继续等待大顶的来临。

记住，五支上涨三支回落是典型的酒田新值的模式。

（3）二段整理的型

H 高开阳阴相交型

I 阳阴相交二点底

J 二段整理阳阴相交

以上这三种型要比一段整理的型复杂些。虽然看起来只是一段整理的重复，但实际上型越复杂，在实践运用中就越容易迷惑。

特别是价格略有上涨，多空双方势均力敌之时，接下来会出现小顶还是回落休整，在实际操作中很难判断。

所以，当某日出现了一支略长的阴线，次日如果转阳倒还好判断，但是如果像 J 那样阴线中间夹着一支阳线就更不好判断了。但是如果我们能把握好以下几点，头脑就能清晰几分：

①第五个到第六个阳线新值的地方出现较多。

②短时间内各限月期货的差额缩小（期货走弱），但是转入上涨时（上涨图中的回调结束之前）远期交割的期货势力变强。

③一般最多有三个阴线新低。

12. 滞跌和逆变

普通意义上的滞跌是指在下跌行情中下跌逐渐停止，但是在酒田K线法中滞跌是指下跌幅度逐渐减小，最后停止下跌。

比如说，第一天下跌了200日元，第二天下跌了120日元，接着下跌了50日元，每天的下跌幅度都有所减小，阴线越来越平缓。

上一节中讲的阳阴相交型，所经历时间也比较短，所以明显没有跌幅逐渐变缓这一特征。

如果某个时间段连续三日形成阴线，而且跌幅逐渐变小，感觉下跌受阻，而且形成的阴线都像图23中K那样比较短小，滞跌的感觉就更明显了。

K被称为"滞跌逆变"。所谓"逆变"是指情形突然出现大的反转，比如持续的下跌后价格突然暴涨，或者是持续的上涨突然出现暴跌。从K线上来讲，持续下跌的行情下，普遍的市场预期也是下跌，但价格却出乎意料地开始上涨。

K中连续出现四支阴线（三个阴线新低），方向一直向下。接下来虽然有高开，人们普遍认为当日局面即将高开低走再次形成阴线，但出乎意料最后却形成了阳线，这支阳线就是逆变的阳线。

价格朝目前持续方向的反方向发展并不一定会形成逆变。所谓逆变应该具备以下两个条件：

①目前为止朝一个方向发展，市场预期也普遍认为接下来会继续向这个方向前进，但实际却向相反的方向进行。

②朝反方向发展的势头由逆变引起，从逆变开始。

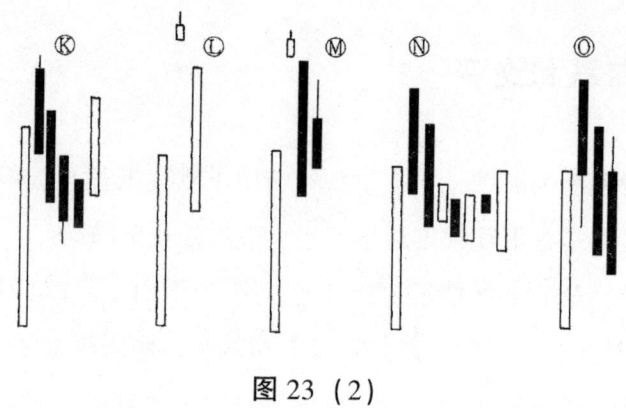

图 23（2）

（1）顺势逆变

K 滞跌逆变（三阴逆变，梯形递减）

如果把 K 看作是三阴逆变，那么 K 就是燕型的变形；如果看作是滞跌，那么三阴的下部就是逆势的买入时机。但是 K 的下跌不如阳阴相交型那样大幅下滑，而且人们往往期待若有若无的大幅下降，所以很难选择买入时机。在这种情况下人们往往选择在逆变的阳线时机买入，这就形成了顺势的 K 线买入型。大体来说，急速的下跌行情比较容易买入，而相对缓和的下跌行情，买入时机往往不容易判断。

阳阴相交型的下跌虽然急速，相对比较容易买入，但是也有很多时候在我们期待用更低的价买入时，行情却意外开始上涨。所以选择在第一支阴线时买入的都是眼光独到毅然买跌的高手。

酒田 K 线法以逆势买入为上策，这种做法是以这种心理为基础，然后整理成型的。

下跌幅度较小时比较难以买入，当然能够拨开迷雾看清行情在第一支阴线时买入当然好，但是由于下跌幅度较小，第一支阴线的价格没有下跌太多。但是错过第一支阴线后更难以买入，因为第二支和第三支阴线连续，似乎要有大的下跌，有了大的期待反而更加难以选择时机买入。

滞跌，虽说是有下跌，但是人们总是期待更低位的下跌，但是实际的下跌幅度较小，并不是值得人们急急抢先买入的价格。

所以在逆变发生之时顺势买入也是一个不错的选择。

L 单支阳线逆变（连续阳线逆行，低开阳线逆行）

L 通过低开的阳线形成逆行，在酒田 K 线法中是一个比较奇特的型。

作为型虽然有几分奇特，但是作为日足在日常股市中也常见到。

在股市上一直就流传着"低开高走的大阳线宜卖出"，这样低开高走的大阳线在下一章卖线的型中会出现。比如说图 23L 中最高值的阳线就适合于卖出。

如果继承低开而一路向下形成阴线，就会成为黄昏明星型，意味着已触顶。但是低开本来表明多方势力较弱，之后却一路上涨（逆变），所以作为型来说很奇特。而且形成阳线却没有产生酒田新高，从这个角度上来说也是很奇特的。

从价格波动的角度说，虽然形成了一支大阳线，但是这支阳线无论从开盘价还是收盘价都要低于前日价格，从这个意义上讲这支大阳线是下跌的。所以在曲线图上看的话，就只会看到下跌而忽略这是一支阳线的事实。

这个型的最后一个日足也很容易被误以为开盘后不可能上涨，即使上涨最后也会被拉成阴线，但事实上却是一支大阳线。

大体来说，各限月的比较中，近期交割的大阳线开盘价会比较靠上。

（2）集合型的顺势

N 长刀底型（滞跌五手下跌，滞跌交叉）

所谓长刀底型并不是因为这个型上部的几支日足像长刀的刀刃，也不是因为后半截日足闪烁上升。

处于大底的长刀底型在二段整理中非常常见，有时也作为混合二点底的一部分出现。

这个型处于底时利于逆势买入，但是如果处于上涨中途就难以买入了。

而且，长刀底型容易变形，五手下跌都属于这个类型。

大体来说这个型的远期交割比较强势，似乎比较容易买入，其实还是比较难买入的。但是：

① 处于盘整时期，价格不会有太大的浮动，所以相对有安全感。

② 逆变一般来说小幅上升较多，急速上涨较少。

③ 而且逆变后容易出现下跌，所以也可以在逆变后买入。

逆变后买入作为顺势买线之一，是非常实用的，多出现在小型不规则上升中，而在大的上涨阶段比较少出现。

（3）逆势滞跌

M 大阴包小阴（二阴的上影）

这个型在通行本中很少出现，其实在实践中我们常能看到。

逆势买入说着容易，但是在实践中由于投入资金量较多，往往没有余额买入，所以较难操作。

人们常想只要收盘价不低于前日就买入，但是往往会买入第二天的高开。

所以不要想东想西，早入市逆势买入为妙。

O 三连阴（一阳三阴相交，三阴滞跌）

若只看阴线，如果出现在大底处似乎和下跌减速是同一个型，但是如果出现在顶部，那么就和"三鸦乱形"相似了。

第四章　买线的型

　　笼统地说逆势的买线出现在上涨中途，具体地说逆势的买线出现在中段以前、上涨不是很急速的地方，也就是说多出现在阳线偏上部的位置。

　　大体来讲，逆势的买线是从大底开始出现五个阳线新高的地方，或者是五个阳线新高之后回落继而继续上升之后，一般很少出现在中段开始的急速上升之处。

　　说白了，也就是说容易出现在上涨回调的地方。

第五章
卖线的型

1. 卖线与上升趋势中下跌回调时的买线的区别

从型的角度上讲，酒田的卖线和上升趋势中下跌的买线非常相似。比如说图 24 中的 A 三鸦暴跌、E 二阴包，分别出现了三个和两个阴线新值。从形态上来讲 A 似乎是三阴交跌，而 E 似乎是高开二阴，都是在上升趋势中绝好的下跌回调时的买线，但是仔细观察会发现事实并非如此。

那么决定卖线和买线的因素到底是什么呢？关于这一点在通行本中并没有提及。但是我们可以从型、酒田新值以及基于酒田新值的买卖技法中找到答案。大体来说主要决定因素包括以下几点：

①五个阳线新值之后出现；

②期货的暴跌非常关键；

③逆势时的对冲加仓、试探股等的卖出人气；

④出现五个阴线新值后是否有真正的大量卖出。

从上面几点出发，酒田的卖线有以下几个特点：

①上升趋势中出现下跌回落之时无法明确确定期货的暴跌，但在顶处时可确认这一点。

②期货的暴跌是从触顶之前到触顶回落后出现的第一个阴线新低为止，也就是说必须在触顶前后。

③由盘整阶段的下跌回调形成的小底和小顶在形态上类似大顶型和大底型，但是从酒田新值上可以看出并非大顶型和大底型。

④在盘整阶段的最高值和最低值，期货的暴跌并不明朗，所以无法由此判断出是否为大顶和大底。

⑤绝大多数型以三个阴线新低为基础构成，通行本中也提到没有四个阴线新低的型。

⑥所以从买卖技法上来说通常是逆势而为。

⑦通常来说是"型出现后，顺势而为"，但是基于酒田新值买卖技法却是逆势而为。

2. 阴线筑顶

我们常说阴线筑顶，但事实上也可能不是真正通过阴线来筑顶。

阴线筑顶在现实中大多以阴线的上影线为最高价，比如图24的A。在期货的暴跌中更容易看出这一点。作为酒田的型，典型的阴线筑顶一般是某日拉出阳线之后，多方势力仍存，次日将价位拉到高位，但最后收盘成阴线。

A 三鸦暴跌（连续三阴线）

三鸦暴跌是最有名的阴线筑顶型。近期交割的三鸦暴跌是阴线筑顶，但是远期交割的三鸦暴跌却是阳线筑顶的。

三鸦暴跌中的三支阴线并不像上涨趋势中的下跌回调时形成的阳阴相交或是滞跌那样跌幅逐渐变小，而是跌幅越来越大。近期交割跌幅时而变大时而变小，远期交割通常来说非常容易暴跌。

第五章 卖线的型

一直以来都说这个型是大顶型,但其实这个型更常出现在小顶处。

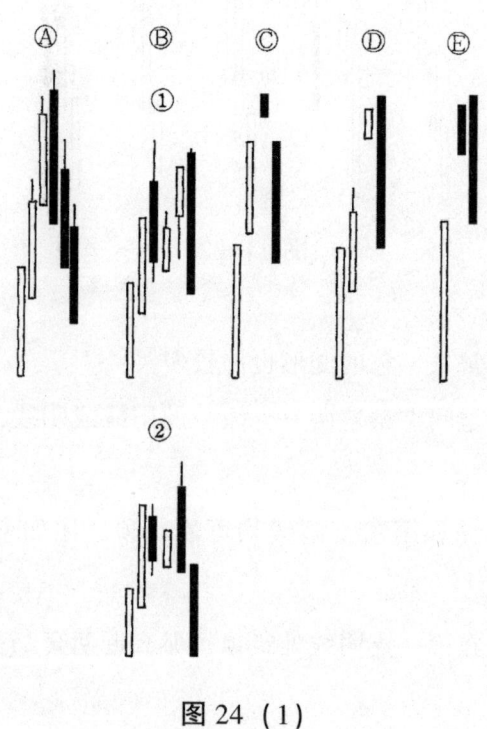

图 24(1)

B 二阴相间(阴线包裹阳线并上下突破)

这个型也是比较有名的阴线筑顶型,是多空双方力量均衡时的盘整时期或者股价起伏不定时的顶型。

二阴相间除了像 B 那样两支阴线夹几支阳线外,还可以像 B 下面的那个图形 B②那样两支阴线之间夹更少的日足线。这个型的与众不同之处就是较为明显的两支阴线并行,中间夹杂短小线,而且多是阳线。

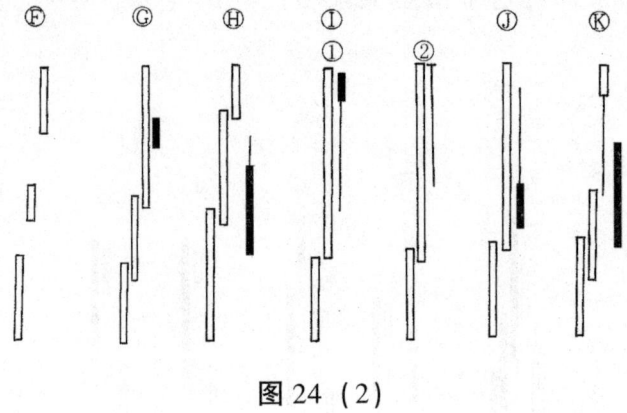

图 24（2）

这个型非常常见，它的变形也比较多：

①两支阴线之间夹杂着两三支短小的阳线或阴线，有时也会夹杂低开的大阳线。

②第一支阴线和第二支阴线均可能筑顶，比如 B 的①以及下面的②。

③如果期货在第一支阴线处筑顶，那么近期交割多在第二支阴线处筑顶。

④也就是说这个型的远期交割容易暴跌。

3．形似阳阴相交的顶

下面我们举几个形似阳阴相交的顶型，其中阴线较为单纯。

C 黄昏明星型

D 阴包阳型（高开大阴线）

E 大阴包小阴型

以上这三种都是通过阴线的开盘价筑顶。

其他的型通过成交量很难做出判断。但是这几个型都是在开盘时交易比较活跃，最后收盘成阴线时成交量较少。

这三种型的建玉法都有以下共通的特点：

①虽说是逆势，但是阴线却比较单纯，甚至都没有逆势建立卖出仓位的余地。

②就像B二阴相间，先不急于将所有本钱投入，应该先投入试探股，如果行情的确很好可以再逐一加仓，然后在阴线下跌时卖出。

③手头若持有买入头寸，在这时当然应该卖出。

④在这种情况下应该建立远期期货的卖出头寸（试探股），可保持现有的近期交割和中期交割的买入头寸。

总之，这些型在形成之前无法判断，只有在型形成之后才能确定型的形成，所以在型刚刚形成的时候，即使我们结合期货来判断现货的涨跌，准确率也往往比较低，所以有必要通过有利的建玉法来弥补这一缺陷。

4. 买入上涨

（1）高价补进

卖空交易，也叫"空头交易"。当卖空交易投资者认为未来的股票、证券或期货品种的价格会下降，就缴纳一部分保证金，通过证券经纪商人借入某种股票先卖出，等价格跌到一定程度后再买回这些股票交还借出者，投资者在交易过程中获利，这种做法称为卖空交易。

但是有时市场走势并不会跟随投资者的意愿，在投资者认为未来走势会下跌而卖空的时候，股市出乎意料上涨。这时投资者为了在期限内归还股票不得不高价亏本买入以补进。

卖空的股票如果继续上涨，那么对于投资者来说，若有意愿可以实物交割也可以通过现金进行交割，对于股票卖出者来说必须提供特定股票。股票数量都是有限的，物以稀为贵，所以股价会上涨。但是假如卖出者无法提供投资者所要求的股票，那么就可以按照投资者所说的价位买入补进。

因为这一潜在的风险，外加对卖空本能的恐惧心理，所以会造成价格剧烈变动的卖空亏损行情。

所以，表现在K线上就是一夜之间股价暴涨、涨停或形成连续的长大阳线。在这期间，特别是在一天中有多次卖空亏损就会形成买入上涨日足，形成特别的型。

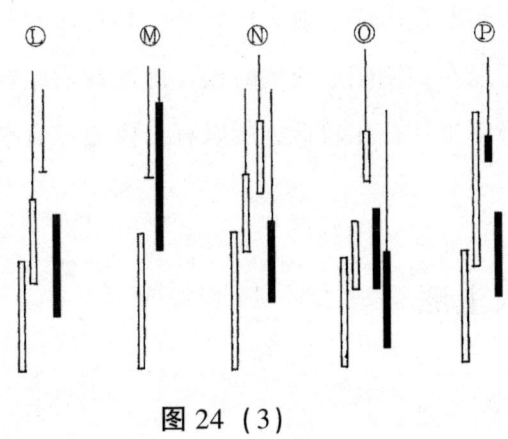

图 24（3）

（2）连续三个阳线新值

F 三空暴涨（两次跳空暴涨）

三空暴涨和下跌行情中的三空暴跌正相反。高价补进逐渐缓慢出现，随着在最后一天时高价补进的集中出现最终结束。

不同限月相比时，从远离小型盘整（上升中途约一个星期左右的盘整）的高度来看，可以明显看出远期交割有更大的上涨。

这是因为卖出头寸大都集中在远期期货，所以补进时也多是期货，最近的容易购入的时机就是顶出现之前小幅盘整时期的大量卖出阶段。比较多个顶处的日足就可以看出这一点。

顶之前的小幅震荡阶段之后开始的上涨经常会出现暴涨的局面。从之后的情形来看，就会发觉卖出之时低估了行情的上涨势头。

事后当然会觉得预估不足，但为了在顶处卖空，多次失误在形成顶之前盘整阶段选择卖出，进而不得不高价补进也是在所难免的。

关于这一点我们会在之后与建玉法的关系中详细讲述。观察不同的顶，都会发现高价补进多发生在第三个或第五个阳线新高。

G 烟花映星型（连续大阳包小阴）

烟花小星这个名字听起来很有意境。虽说这个型的名字有些不太常规，但是出现的频率还是很高的。这个型最后一支大阳线，和三支阴线的突破下跌很相似，所以偶尔会被误判。

意向竞价的定价方式中，最后一节时，期货价格嗖嗖地往上涨，就会形成这种形状。因为两三天之后很有可能还会出现新高值。

最后一天出现高价补进之时，买方大体也没有多余力量继续买进，所以第二天在长大阳线中间会出现一个小小的阴线，偶尔也会出现十字星型。

H 阳线滞涨（阳线渐次滞涨，滞涨下跌）

阳线滞涨和前面 F 和 G 相似，都是连续创新高，都是典型的连续出现三个新值触顶开始回落。出现三空之后很容易下跌，所以说三空和滞涨其实是一回事。

当然这里所说的三个新值必须是指三个阳线新高，这就和酒田新值有了关系，进而形成型。

（3）大阳包上影，大阳包下影

高价补进集中在三个阳线新高的最后一支大阳线，还剩余一些需

定本酒田战法

补进的买家，第二天的开盘价会在这支阳线的价格区间内，股价会上下波动形成各种型。所形成的型主要分为两种，大阳包上影和大阳包下影。

如果第二天的开盘价高于或低于这支阳线的价格区间就会形成别的型，之后上涨或下跌。通常来讲上涨的话多方势力强，下跌的话空方势力强。如果开盘价处于大阳线的价格区间内的话，原则上来讲也说明了多方势力较弱。

I 上吊日足（大阳包下影）

真正的上吊日足应该是开盘价和收盘价相等、有下影线并且最低值在处于大阳线价位区间的日足，如图I的2。但是I的1比2要更加普遍，所以我们采纳1。

买入之后价格上涨，但是由于多方力量用尽已没有余力买入，所以拉出了阴线，这表示多方力尽，买入结束。

这之后股价可能会逐渐下跌，也有可能暴跌。从各限月的比较来看，近期交割的大多高开低走，远期交割的大多低开。

J 大阳包上影（大阳+低开上影）

大阳包上影一直以来就被称为绝好的卖线，比上一个让多方上吊的日足还要灵验。

形成这个型必须满足三个条件，若不满足这三个条件就不能算作这个型：阴线开盘价要低于大阳三分之一处；上影线要到达大阳线的中上部；阴线实体要小于阳线的五分之一。

近期交割低开的时候，期货会更加低开，在这种情况下会形成这个型，但是这对于持股者来说真不是个好兆头。

K 弃子下影型（高开下影的下跌）

弃子下影型和I有些相似，不同的是I的第三支日足开盘价低于头一天的收盘价，而K的第三支日足高于头一天的收盘价，而且在高开的基础上又上涨形成阳线，引发再次高价补进。但是这个型需要出现阴线下跌才可以确定，可以说是比较复杂的一种型。

5. 上下影线的顶

（1）上涨动力的消失

上涨的动力到底是什么。根据酒田 K 线法的说法，上涨的动力就是多方（买方）力量，触顶回落就是多方力量用尽，空方开始发力之时。那么，多方力量、空方力量又是什么呢？

比如说股价从 10 元涨成了 12 元，再从 12 元涨成 15 元。如果想要股价再涨成 20 元应该怎么操作呢？

比如说在股价是 10 元的时候有 1 万股的买进，那么持股者在股价上升为 12 元到 15 元是获利的。可是有人是在 15 元时买入的，希望股价能涨到 20 元以获利，那么这些投资者就需要不断地下买入订单，因为供求关系股价才继续上涨。这也就是说是买入订单的扩大再生产。扩大再生产停滞时期便是触顶之时。

扩大再生产停滞具体来说有以下几个原因及表现：

①买入订单减少或没有。

②高价补进结束。

③卖出订单增多。

④持有的买入头寸被转卖。

以上这些会对成交额和买空卖空交易量产生很大的影响。一般来说，在①和②的作用下，成交额和买空卖空交易量会暂时大幅增多，之后很可能会减少。与此相反，在③和④的影响下成交量和买空卖空交易量会持续增加。

③和④是在股票高价时下的订单，所以很难进入。在触顶之前，成交额和买空卖空交易量会出现井喷，反而在触顶之时成交额和买空卖空交易量大幅减少。

从K线来说，①②都会拉出大的阳线，但之后很可能会回落。而③④压制涨势，所以上涨遇到阻力，之后停止上涨，所以会形成阴线或影线的顶。当然股市变幻莫测，可能还会夹杂其他的一些因素，所以也不能一概而论。

而且，在某些交易方法中，多次开盘的股票，很容易形成上下影线。通过个别竞争买卖的股票，或是一天六次开盘的商品很容易产生影线，这是因为人气没有集中在开盘和收盘的原因。

（2）烟花顶

L 两支阳线的烟花型（阳线并列上影）

大体来说形成影线的顶是因为空方打压，使股价下挫形成影线。所以股价下跌过程中会伴随着卖出。而且股价上涨时期也积累了大量卖出，所以很多时候会形成回升的小顶。

在大顶形成的时候，可能是由于个别竞争买卖的存在，多次开盘的股票或商品经常会遇到这种情况。当然，"逆差额是当期交割，而顺差额就是期货"，由于市场上有卖出需求，所以会拉出影线。

而且，近期交割和远期交割在达到顶值的时节上也不一样。

例如，阴线的顶，近期交割多出现高开低走，而远期交割则低开低走。触顶的时节往往会有所不同。这种时间上的差别在影线的顶上会表现得很明显。

L中有两个并列的上影线，如果第二支有影线的日足收盘成阳线的话就和弃子型有些相似了。

也就是说，在上涨过程中受到的阻力越来越大，形成L这样的形状是必然的。

确定已触顶时需要阴线的出现作为标志,但是其实更需要用酒田新值来加以确认。

M 上影的大阴线(上影一支回调)

转入下跌趋势后股价回调,持股者急于卖出就会成为这样的形状,M 和 L 都是如此。不同的是买入势力的衰退在时间上早晚的不同。

N 三朵烟花(三个上影线)

市场上逐渐消化大量的卖出,之后的买入略有些困难,所以瞬间暴跌。这个型形成需要三天的时间,但是会在一天内触顶完成,之后进入下一个型 O。

O 有影线的弃子型

出现 O 型高价补进的顶的阳线的次日,如果形成的日足有影线,就会成为下一个型 P。

P 大阳线上影阴线(上影阴线向下突破)

酒田的型分为"烟花型"和"其他的上影",但其实在内容上两者差别并不大。

(3)期货的暴跌

期货市场,顶部经常会发生暴跌,这从日足的形状也可以看出来。不同限月有不同的行情,比如说:

近期交割——高开低走

中期交割——拍子木

远期交易——低开低走

极端的情况下,近期交割是阳线,而同一天远期交割却是阴线。影线的顶也是如此。影线顶处的价格波动比较细腻敏感,比如说触顶后的暴跌幅度越大，近期交割和远期交割的差异就越大。

所以近期交割和远期交割会形成相似但却又有差别的形状，比如说近期交割的顶是光棍阳线，而远期交割的顶是有上影线的阴线。

小豆的波动较大的大顶处，近期交割由阴线的上影线筑顶，但是远期交割在两日后却形成光棍大阳线，最后的高价补进出现在远期期货市场。这之后期货肯定会暴跌，这似乎是一个定律。

所以在日足的集合型中，近期交割和远期交割的差别比较明显，比如说近期交割的第二大顶要比现货交易的第一大顶高，但是期货的大顶却还没有到达现货交易的第一大顶，或者是近期交割形成了一个三角形形态，但是期货形成的是变形三角形，或者是一个不是三角形的形态，这种情况在一年中也会发生几次。

6. 下跌过程中回调形成的小顶的特征

卖线的型出现的地方是大顶、盘整或下跌中途的回调形成的小顶、下跌中途的休整阶段。所以，除了大顶外，涨跌幅度比较小时形成的小顶、下跌中途的回调形成的小顶也是卖出的好时机。还有一种就是下跌途中出现的休整阶段，预示着这段休整之后将继续下跌的型。

休整阶段所代表的信息是，休整之后将进一步下跌，反弹的可能性微乎其微，所以现在是卖出的好时机，这和顶（包括大顶和小顶）所代表的信息是完全不同的。

我们先撇过这个，先想想小规模的顶。

大顶和小顶的区别在于二者规模不同，在形态上虽略有不同，但是形成的型都是大同小异的。

小规模的顶虽说在规模上较小，但只要是顶就有顶所具备的特征。小顶具有顶所特有的特征——人气暴跌，期货疲软。但是下跌中途的小休整也具备这些特征,所以他们都会形成顶,而且形成顶的方式、型的出现方式按理说也应该是相同的。

但是除此之外,我想强调下跌过程中回调形成的小顶的特征:

①价格回升形成小顶后价格还会继续原有的下跌趋势;

②价格回升相对滞涩而触小顶继续下跌很迅猛;

③比较意外的是,被称为顶的附近的支付比较少。

特别是③,非常值得关注。

所以从日足的变动来看,在回升阶段,价格以不太容易发觉的速度缓慢上涨,最终触顶。

7. 三手和五手

A 装置烟花(阳线三手回调)

一直以来就有三手回调和五手回调,但这并不是通过酒田特有的计算方法得出的,所以很容易和酒田新值的计算方法混淆。

这里所说的手,是说回调中的上涨可以成为手,还是不管是上涨还是下跌处于回调过程中的一天都可以成为手呢?

一般来说,一天为一手是比较普遍的。当然也有特殊的计算方法,但我们不对此做过多的评论。

可以看出,A 阳线三手回调就是三天有三手回调,并且出现了三个酒田新高,在这个意义上和酒田新值的数法是一致的。

和底部三阳线形成的形态相似,在现实中出现的"底部三阳线"和"回调三阳线"在形态上并没有什么区别。如果非要指出二者的区别的话,那就是上一节所列举的下跌过程中回调的几个特征,但是在顺差和逆差的时候还是有所不同的,所以不太可能明显地将二者区别开来。所以我们只能活用酒田新值的逆势"出现三个阳线新高宜卖出",除此之外别无他法。

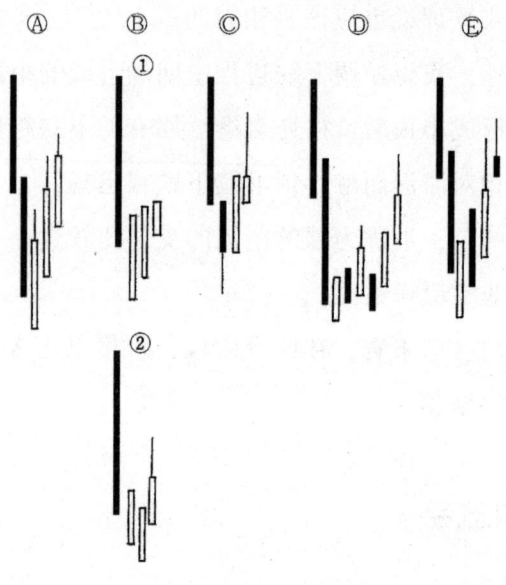

图 25

B 三只鲤鱼（三阳滞涨）

这个型也是具有代表性的三手回调，但这里的三手回调与其说是"回调"不如说是"休整"。

三只鲤鱼有时候会变形为图 B 的②，只出现了两个酒田新高，所以说这个有严重的变形。

虽然如此，这个型在现实中经常出现，无论是在大行情下跌过程中还是小规模下跌的中段都比较容易出现。和前一个装置烟花相比，它的回调幅度可谓很小。

虽每天回调都出现新高值，会有价格暴涨的错觉，但是由于开盘价都比较低，所以涨幅其实并不大。

而且回调过后会在瞬间下跌，所以有时这个型出现的时间会更短，只出现两个阳线新高的情况。

第五章 卖线的型

C 包上影（二阳上影，下影上影）

这种回调型实质上回调幅度是比较小的。

正所谓"下影上影"，下影线代表新低值，上影线代表新高值，所以说在涨幅上还是比较大的。但是在高值处卖出在操作上是不太可能的，虽然是个获利的好时机但是比较难以达到。

这些三手回调，经历时间越短，在"远近交割期货价格变动的差"这一点上就越不明显。但是在大多五手回调时就可以清晰判断出期货走势的疲软了。

D 五手回调（五手回调小鸦，七手回调）

E 阳阴相交的上影

这些型比三手略复杂些，但是也不过就是三手、五手、七手。

这些型比明显的三手回调多少要复杂些，所经历的时间也相对较长，所以不易理解。

不管是几手回调，从酒田新值的计算方法来讲，型的形成必须以出现三个阳线新高为基准，大家如果手边有日足图可以验证一下。

在小底形成之后的两到三天，交易量大增的期货价格的反弹也很大，三天之后期货走势会逐渐疲软，一般来说这一点体现得还是比较明显的。这也可以成为确定回调的一个重要标志。其实期货的疲软在装置烟花型中也可以看出，只是表现得并不那么明显。

像"回光返照线"那样，一天之内大幅回调的时候，回调幅度越大，第二天开盘时就越是低开。

8. 回光返照线

"回光返照"在国外的 K 线用语中并没有，这个词是日本特有的用语。

回光返照线是指在下跌途中，因为一些利好消息或者是其他原因价格出现回调，表现在日足上就是出现了一个长大阳线，这个长大阳线就被称为"回调回光返照"，也可以简而言之"回光返照线"。

相反，如果在上涨途中出现一个果断坚定的长大阴线，是不能称为"回光返照线"的。回光返照线只用于下跌途中的回调。

回光返照线有以下几个特征：

①出现在下跌途中休整阶段之后；

②是一条长大阳线；

③长大阳线的收盘价即是这次回调的顶；

④交易量大量出现在这支长大阳线收盘时或收盘之前；

⑤日足的集合型相对简单；

⑥长大阳线的第二天价格出现下跌，恢复下跌趋势。

回光返照线只适用于一支长大阳线，如果出现两支长大阳线则不能称为回光返照线。

对于回光返照线并没有定论，学术界对此有以下不同的见解：

①回光返照线有时是一支长大阳线，有时是两支，而在现实中两支的比例更高一些；

②大长阳线在小幅回调的最后阶段出现，实质上是高价补进，所以只有这样的阳线才能称为是回光返照线；

③在回光返照线出现的当时，很难确定就是回光返照线。

以上这些异议在现实中得到了更多的肯定，那么为什么酒田K线法将回光返照线简单化、单纯化呢？思来想去我觉得极有可能是因为它涵盖了休整时期的价格波动。

在以前的稻米市场，即使每天的价格波动剧烈，但是每年的价格波动幅度却很小。所以以这种波动幅度发展而来的酒田K线法，就像通过酒田新值所看到的一样，逆势的要素非常强。

第五章　卖线的型

从酒田的各种型可以看出，不管是烟花型、回光返照型还是五手回调型，逆势的卖线居多；而阳阴相交型、滞跌型等，逆势的买线居多。细细品味酒田新值就会发现，80%～90%的酒田K线法都是逆势的买卖技法。

9. 高价补进和回光返照

F 高价补进回光返照线（回光返照线，单支阳线回调）

酒田的回光返照比较单纯，这一点在上一节中已经讲过。

高价补进回光返照线是在下跌的过程中，突然出现一支长大阳线，这支长大阳线的涨幅足有三天的涨幅，迅速将股价拉高。

这个时候下跌却又反弹，空方已获利，继而下单买入较多，多方认为这是上升途中的下跌已经结束因此买入加仓。

这时候出现回调，多是市场上出现利好消息，一时间人气大增，人们纷纷买入，所以出现长大阳线。

人气虽然大增，但是在市场上并没有出现更多的买入需求，所以终究是急转直下，逃脱不了下跌的命运。

在这支长大阳线的最高点卖出是个不错的选择。

以上这些解说只是想象的最为可能的状况，但是到底是怎样的下跌过程容易出现这种型，出现这个型之后是怎样转入下跌的，这个型出现之后（比如说，长大阳线收盘之后，第二天开盘之前）需具备怎样的心态，这些问题都完全没有触及。还有之后如果等一到两天卖出的话很可能卖在低点，所以无论如何都想在大阳线出现的次日的上半场卖出。那么为了达到这个目的就需要确定在这支大阳线出现后怎样断定就是"回光返照线"，这一点也并没有明确说明。

还有，如果想要在这支大阳线收盘时或第二天的开盘之初就卖出，仓位应该怎样安排，对于这些也完全没有叙述，所以我们不得不依靠酒田新值得出一些提示。

回光返照线有时候像F的①那样有上影线，或像②那样有下影线，而且大阳线中心以下还可以包一支小阴线，从形态上讲和"大烟花一星"颇有些相似，内涵上也应该类似。类似在大顶处的"一星"型，在阳线出现的第二天开盘价竟然低于前一天收盘价，值得细细揣摩一下。

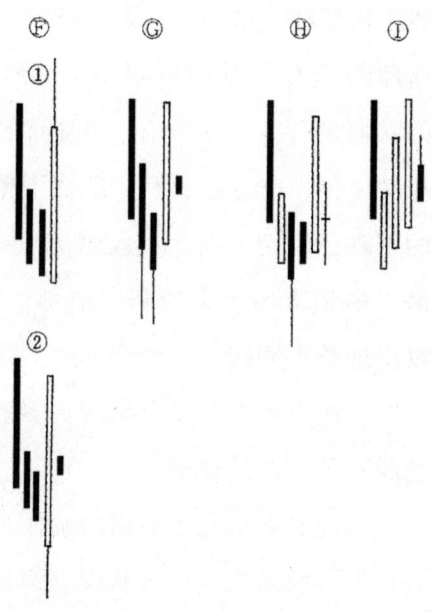

图26

G 阳线不发（回调烟花）

阳线不发和回光返照相似。有些人认为回光返照是低开（大阳线开盘价低于前一天收盘价），而阳线不发是高开（大阳线开盘价高于前一天收盘价），从图G也可以看出的确如此，不过我个人认为并没有必要拘泥于这些小细节。

第五章 卖线的型

一些研究专家对于回光返照和阳线不发的区别有更加宏观和具体的认识，他们认为回光返照不管是从价格波动上来说还是从股市环境上来说，都应该保持持续下跌的趋势，人们普遍认为也是如此。但是由于突然出现利好消息或者是因为下跌幅度开始减慢，所以才出现了意料之外的回调。而与此相反，不发在出现大阳线以前下跌幅度已经开始有些受阻减慢的意味，所以市场的预期是回调，并且这次回调具备以下特点：

①一鼓作气拉成阳线；
②不仅是阳线，而且还是长大阳线；
③这支阳线就是顶。

细细品味起来，的确如此。

与不发相类似的型有：

H 不发的低开（大阳低开、开收价等）

I 不发三阳线（连续阳线包小阴）

以上所讲的回光返照和不发都是逆势而且回转比较快的典型的型。

10. 暴跌前的平静

"暴跌前的平静"这一名称是日本特有的。

在国外称作 Flag，意为在上涨途中的一段休整，或上下波动期间的休整，股价偏向上涨或下跌一方。严格意义来讲，这和我们所讲的暴跌不完全一样。

日语中的暴跌前的平静必须具备以下几点，符合这些条件的型的总称就是暴跌前的平静。

①下跌途中的休整；

②是较小的日足；

③或者是小日足集合型；

④内含保持继续下降的因素；

⑤卖出的好时机。

暴跌前的平静到底有没有定型呢？目前还不清楚。

酒田 K 线法不单单预测股市趋势上涨下跌，而且还伴有买卖技法指导实践。对于暴跌前的平静，酒田 K 线法的指导是"卖出的好时机"，这就对于实践有了充分的指导意义，所以可以说暴跌前的平静也是一种型。

人们会给型起一个便于记忆而且叫起来比较上口的名字。在通行本中许多型都被冠以颇带色情的名字，暴跌前的平静还能保持这样一个"正直"的名字真是不容易。

从名字就可以看出，平静之后股市就会暴跌，所以在对于暴跌前的平静是个卖出的好时机感到欢呼雀跃的同时，不要忘了平静之后即将迎来暴跌，很刺激，也很恐怖。

11. 交易量较少的型

大体来说，型出现之时，交易量肯定会随之增多。大顶型、大底型就不用说了，上涨过程中的下跌回调，比如说阳阴相交型那样激烈快速地下跌交易量也会增多，可以说只要是卖出的型交易量就会增多。

但是也有例外，比如说某些下跌过程中的回调形成的小顶。

还有例外就是暴跌这一型的交易也是寥寥，而且是非常寥寥。其实这一型本来就是在交易较少之时形成的。

第五章 卖线的型

K 碎石暴跌（小阴线横行）

碎石暴跌从严格意义上讲都不能称之为型，但是图 27 中的 K 作为一个范例却非常典型。小阴线和小阳线横向持续，并没有形成太大的波动幅度，但是在这个平静的掩盖下，暴跌的暗流汹涌着，小线横行结束后即将出现暴跌。

在图 27 中，在暴跌之前需要九天的过渡，但是五天、一个星期、十天的过渡期也存在。

这种暴跌在期货上表现更加明显。在现货交易一段休整之后近期交割出现小幅反弹回升，但是期货却渐渐走弱，所以对于期货要更加留心。

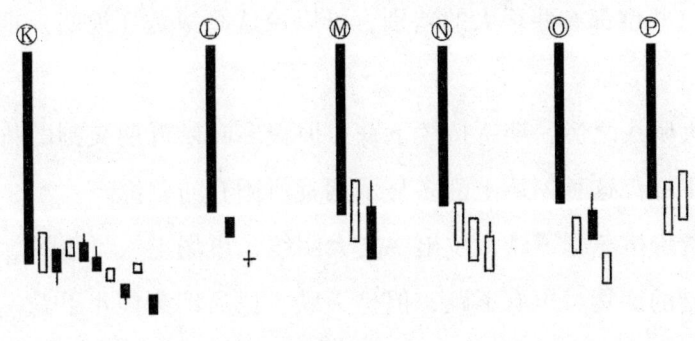

图 27

这个型在酒田 K 线法中是非常少见的日足集合型，非常类似我们前面讲过的花吹雪型。这个不是型的型是继我们前面所讲的花吹雪型和混合二点底后的又一日足集合型，将这个图形倒着看更像是暴跌。

碎石暴跌和花吹雪的上涨和下跌的能量完全不同，所以花吹雪从中段开始再次上升的可能性是零，而碎石暴跌在大顶处也绝对不会出现。

这个型在现货交易中对于大户来说无异于一场战争，而在期货市场却很平静，股价保持小幅度波动，之后形成"暴跌三角形"或"碎石暴跌"，之后有时候也有可能出现上涨。

这个图形感觉即将暴跌，但拖泥带水一直保持小幅下跌，投资者都希望认准卖出时机，可是在小幅下跌过程中经常会突然开始暴跌。

L 下跌的散星（下跌收开等值，大阴下跌）

以前交易所的交易员曾戏谑地说过这个型"连哭泣小孩都好意思骗"，这个比喻真可谓形象。这个型在现实中也比较常见。

在图 27 中下跌的散星型是由一支大阴线、一支小阴线及一个开盘价和收盘价相等的十字星构成的。在现实中由一支大阳线和一个十字星构成的情况也比较多。

图 27 中的这几个型都是暴跌的型，暴跌的型的近期交割的实际情况和这些型都有些很大的差别，可以说这些型是（远期）期货特有的日足。

在大阴线之后，期货持续下跌，但很多时候近期交割的价格却开始回调上涨。这种回调上涨多显示期货所固有的差价。

期货价格急剧下跌，拉出一支大阴线，市场上人气暴跌，第二天近期交割的期货虽也有下跌，但是下跌一段后即刻停止下跌。期货价差的这种逆向运动有时会出现，常给人们以期货很强势的错觉。

12. 鲇鱼和鲤鱼

接下来的这几个型都是比喻成鲇鱼和鲤鱼的一系列型。

M 交叉（中阴交叉，阴线二鲤）

一些喜欢复杂一点名字的人通常将一条大阴线后面跟着几支下跌的小日足线这种型称之为鲤鱼，而将大阴线后面跟着几支上涨的小日足线称之为鲇鱼。比如说：

第五章 卖线的型

N 三只鲤鱼。

P 鲇鱼双钓。

其实叫什么都无所谓，只要记住最复杂的暴跌型是碎石暴跌，而最简单的是下跌的散星，而居于中间的通常有两三支日足来进行休整而后暴跌的都可以成为鲇鱼和鲤鱼。

鲇鱼和鲤鱼，这些名字听起来云淡风轻，但其实却是杀气腾腾。

N **渐沉三鲤**（渐跌三阳。大阴三阳线。低开三阳线）

O **大阴带小阴**（下跌的小阴线）

P **鲇鱼双钓**（大阴二阳反弹）

这些型有各式的名字，但其实内容都一样。

这几个种类的暴跌有个共同点就是即使回调也通常不会出现阳线新值，所以只适合顺势时使用。从这个买卖技法的特点来讲，这些型不得不说是酒田K线法中的特异。

以上的这几个章节我们讲述了买线、买线的型，在接下来的章节中，我们会在这个基础上讲述酒田新值和这些型有何关系，酒田新值和买卖技法有何关系，然后进入酒田的买卖技法。

第六章
酒田买卖法

1. 通行本的谬误

通常认为酒田 K 线法、酒田买卖技法有以下特点：

①有买线和卖线；有顶型、底型等标准型。

②顶型是卖线的一种形态，底型是买线的一种形态。

③确定触顶需要依靠顶型判断，确定触底需要依靠底型判断。

④触顶后实施卖出方针，触底后实施买入方针。

⑤在实施买入方针途中（上涨途中）的卖线通过期货合约的转卖或回购实现平仓，买线通过新买入或加仓来实现，此方法可以应用直到触顶。

⑥触顶之后，开始实行卖出方针。在卖出方针途中（触底前），卖线通过增加卖出实现，而买线通过期货合约的转卖和回购实现。

以上这些都是对酒田 K 线法、酒田买卖技法的一般性认识，但是这些解释并不具体。

如果仅仅是以上这几点解释，那么一点利用价值也没有。说的越抽象，能套用的行情、场合就越多，看起来似乎很灵验的样子，但其实只是一些原则性的规定罢了，对于实践没有任何具体的指导意义。

比如说从价格波动上来讲：

①底型、顶型、买线、卖线都是使用日足表示的，所以这些型并不是那么易于辨别。即使有标准的型，也没有具体谈到实际情况和这些标准型的可接受误差范围。

②"上涨途中的卖线"很容易形成顶，这种情况下市场策略就应该从回购或转卖期货合约转为卖出，但是对于这一点也并未明确提及。

③由以上推测出，单从型上讲上涨行情就是通过连续的"卖线""底型"而上涨，这个结论多少有点荒唐。

④②和③同样适用于下跌行情。

⑤小底和大底的卖线也是相同，并没有明显的区别。

接下来从买卖上来讲：

①根据资金量来决定买卖这一点并没有明确说明。比如说在触大底之时，并没有预估失败的概率从而对买入数量定一个基准。

②在大底—小顶—小底—继续上涨—大顶这个过程中的买卖，对于有效型、无效型的判断，以及买卖时的数量都没有明确的说明，必须靠个人自己的估量。

③所以对于个人判断的准确性有很高的要求，但这并不是一件容易的事。

2. 重视买卖技法

上一节讲到利用酒田K线法时的一些困难，而且酒田K线法表达不清晰，比如说"酒田K线法是基于型的买卖法"，其实这些都可以说是伪酒田法，并不是真正的酒田法。

实际上酒田K线法并用酒田新值和型，对于下跌、底的形成，确定底形成之后都有相应的具体规定。比如说，在下跌之时，可以新增买入、对冲买入或买回期货合约以平仓；在确定底形成之后可以买回期货合约以平仓、小底买入、对冲卖出等。

当然，酒田K线法并不是死板机械的技法，所以并没有像中源线买卖法那样具体详细，甚至对买卖数量都做了具体规定。

从整体来看，酒田K线法给了个人活用自己炒股技巧的充足余地。甚至可以说，酒田K线法对于顺势买卖、逆势买卖、损益平均化都有一定的标准，但是这些标准是理想化的买卖法，太过理想化了所以在实际应用中必须加入个人自己独特的见解和手法，这些个人独特的东西才是决定股场上胜败的关键因素。所以说，酒田K线法不光是股场观测法，而更重要的是买卖的技法。

从江户时代末期到明治的稻米市场，再到新东（日本地名）的全盛时期，随着买线、买线的日趋完善，型也被赋予了一些滑稽搞笑的名字，而且酒田新值也逐渐被遗忘。所以在通行本中并没有过多提及酒田新值。对于型和酒田新值的发展，酒田K线法的研究专家们都有以下相同的认识：

①酒田新值是和型一起发展起来的。

②型逐渐发展完善之后才开始出现基于酒田新值的逆势买卖法。

但不管怎样，基于酒田新值的买卖法，是酒田K线法的基础。如果没有基于酒田新值买卖法，就更谈不上买线、卖线了。

3. 酒田新值具有很高的准确率

在本书的第二章中就对酒田新值做了比较详细的介绍。在股市上我们追求最为理想化的状态，这就需要我们对酒田K线法追本溯源，而这一行动的第一步就是酒田新值。所以此书也是以酒田新值为基础开始讲述的。

酒田新值的准确率非常高。从第二章酒田新值的统计中我们可以看到：

在上涨行情中的下跌回调，在1250回的下跌中直至出现第三个阴线新低的下跌日足的比例是86.6%；

在232回的下跌中直至出现第三个阴线新低的下跌日足的比例是81.1%；

在下跌行情中的回调反弹在1197回的反弹中直至出现第三个阳线新高的上涨日足的比例是86.4%；

在367回的反弹中直至出现第三个阳线新高的上涨日足的比例是83.1%。

综上所述，我们可以得出，在上涨行情中的下跌回调和在下跌行情中的回调反弹，所有的逆行新值直到第三个新值出现平均占到85%。

酒田新值的准确率可以说是高得惊人了。

同样，逆行新值出现第五个新值平均占到97.2%。（注）

所以，如果出现第五个逆行新值，就必须意识到这极有可能并不是单纯的逆行，这时候的逆行应该可以看作是等同于顺行了。也就是说，出现第五个逆行新值，也就意味着行情有变，趋势极有可能已经发生转变，行情保持原有状态的可能性只占到2.8%。

在所有的"股市动向统计"中，也有人计算得出失算的概率是3%，所以我们有充分的理由利用酒田新值。而且，上涨趋势中的下跌回调、下跌趋势中的回调反弹的失算概率只有15%，所以我们必须多思考和揣摩在回调下跌时的买入方法以及回调反弹时的卖出方法。

综合以上的论述，我认为基于酒田新值的买卖法就是在这么高的准确率的基础上发展并成熟起来的。

第六章 酒田买卖法

【注】
　　逆行新值中第五个新值的平均概率的计算是基于以下数据得出的：

阴线新值	97.8%
阴线新值	95.1%
阳线新值	99.3%
阳线新值	96.7%

4. 短线买卖

　　酒田的买卖法的核心就是建玉法，这一名称从古一直流传至今。酒田买卖法是彻底的逆势。为什么这么说呢？

　　酒田法最早用来记录稻米市场走势。稻米这一商品和其他商品最大的不同就是稻米是最主要的食品，稻米的价格受政府控制的色彩较浓重。在江户时代，幕府每年都会对米价做出一定的调整。从岛堂旧记中也可以看出，稻米的买方每年都会多次被传唤到官府。明治时期也是如此。

　　在这样一种环境中，米价有上限和下限，被规定在一个范围内波动。

　　但是与此不同，现实中的买卖是这样子的：

　　①交易数额巨大，即使价格波动幅度较小，最后获利金额还是较多的。

　　②各交易所都有不同的交易制度，所以存在具有个性的特别的买卖技法。各交易所相同的地方是都做短线交易，追逐股价当下的趋势。

③各种天灾人祸较多，所以各种生活计划也是短期内的，包括股市买卖。

④信用供给制度不完善，贷款利息较高，所以各种经济行为也大多都是短期的。

⑤政府的干预较多，发生意外情况的可能性较大，所以短期清算比较有利。

⑥保证金额度较低，所以短期清算更有利。

⑦受米价预测赌博活动的影响。

由于以上这些原因，研究宏观经济的变动来炒长线不如炒短线更直接、更便利，所以基于短线买卖的买卖法就更为发达。

酒田K线法中的"三山"型（"三尊顶"型），是由几十根日足组成的集合型。明治以后受到国外K线法的影响而加入到酒田K线法。

虽也有一些例外，比如说混合二点底、某些种类的毛拔底、花吹雪的底型，但是这也不能完完全全断定就是从江户时代开始传承至今的。

5. 酒田新值的两个侧重点

酒田新值是从江户时代开始传承至今的，这一点已经被证实。酒田新值也是酒田K线法的一大特色。第十二或第十三个酒田新值（同时包括新高和新低）是极限；从酒田新值的计算方法来看，非常重视顺行第七、第八个阳线新高和阴线新低。做出这样的推测可能是因为第七、第八个阳线新高和阴线新低是中势的界限。

那么，酒田新值的买卖法到底是一种什么样的东西呢？基本来说有以下两个侧重点：

①通过酒田新值的特殊计算方法，可以确定底和顶的形成，还可以确定逆行向顺行的转换。而且还可以确定顺行的寿命。

②通过逆行新值的计算，可以新买入；通过顺行新值的计算，可以买回或转期货合约。

以上两个方面可以说一个是"观测"，另一个是"买卖"，而酒田买卖法是并用这两个方面。

前面所讲的①观测，以确定顺行和逆行为主。通过对顺行和逆行的确认，决定自己对行情的看法。当然通过顺行和逆行的确定也可以完善自己的买卖法，但并不以买卖为主。②中，确定是逆行后建仓、加仓，而确定是顺行即将结束后减仓，也就是买回或转卖期货合同。很明显②和①的区别是，显然②是买卖法，而①不是。

以上这些都不太容易理解。对于第七或第八个顺行新值，各种书籍记述的都不太一样。所以，追本溯源，追求真实完美的解答几乎是不可能的。

我按照顺序将以前的老书逐一做了整理和说明，注意这里的说明不是我个人的观点，而是本来就有的解说。在这多种版本的旧版书中多少会有些矛盾之处，这些不完善的地方我们在日后会做进一步的探讨。

6. 小底买入

顺行、逆行、酒田新值的计算方法、新值计算的根据、新值的统计，这些内容在之前的第一章就已经做了比较详细的解说。接下来我们将针对具体的买卖法进行说明。为了避免和第一章的内容重复，我将按照一定的顺序进行讲述。

我们从逆行的建玉法开始讲述（注①）。

定本酒田战法

假设现在处于上涨行情,在此暂且不管是处于哪种上涨。

第三个阴线新低的形成在上涨行情中的下跌回调所占的比例接近90%。下面我们通过图28来说明：

A 当前的小顶

可以看出，图中的小顶是由一支阴线的开盘价形成的。如果前一支阳线的收盘更高一点的话，小顶就是这支阳线了。

B 第一个阴线新低

这是第一个酒田阴线新低，也是第一支逆行线。在此停止下跌开始反阳的可能性是20%。

逆势买入需要对买入时机——也就是说，是在今天收盘时还是第二天开盘时买入作出判断。

C 第二个阴线新低

第二支逆行线。在此停止下跌开始反阳的可能性是50%。

同样，逆势买入需要对买入时机——也就是说，是在今天收盘时还是第二天开盘时买入作出判断。

在此前已建仓，在低价时已买入。触小顶后通过第二支阴线继续下跌，这时是加仓买入的好时机，也就是说从现在开始可以加仓买入。

D 第三个阴线新低

在此停止下跌开始反阳的可能性是85%。下跌即将结束，此时是买入的最后时机。

此时的买入可以成为顺势也可以成为逆势。具体的加仓比例是1∶3∶5（注②）。

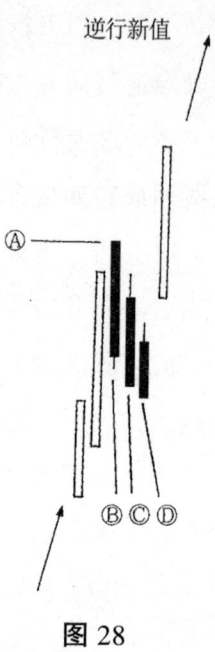

图28

第六章 酒田买卖法

反弹下跌时的买入要注意，如果在此前就已建仓，手头持有低价买进的股票，可以在第二支阴线时买入；先前并没有买入，手头没有持有低价股票，那么需要在第一支阴线时（第一支阴线的收盘或第二天开盘时）建仓买入。

【注】

① 在酒田K线法中其实并没有"买卖法""建玉法"这种称呼。所谓酒田K线法的"K线法"其实就是"通过K线得出的买卖法"。"建玉法"重视对市场见解，更注重买卖的方法和手段。

② 对于下跌回调的低买和上涨反弹的高卖，很多书中都死板地一律定为1：3：5。

有时很有必要走得稳健些，比如将这一比例定为1：2：3：4。

7. 顺行

有些人将顺行定义为多方力量强的时候就是顺行。这种说法多少有些太主观和武断。

酒田K线法将顺行定义为"收盘价持续增高"。

也许会有人叫板，收盘价持续降低而形成上涨行情的也有嘛。用日足来解释就是，虽然形成阴线，但是当天的收盘价比前一天高。

这种说法在现实中是不可能的。收盘价持续下跌在现实中不可能形成上涨行情。只有收盘价持续上涨才能形成上涨行情。

8. 触底前

请看图 29。图 29 是下跌趋势触底后转为上涨趋势。怎样通过酒田新值来认识这一转变呢？下面我就以图 29 为例作解。

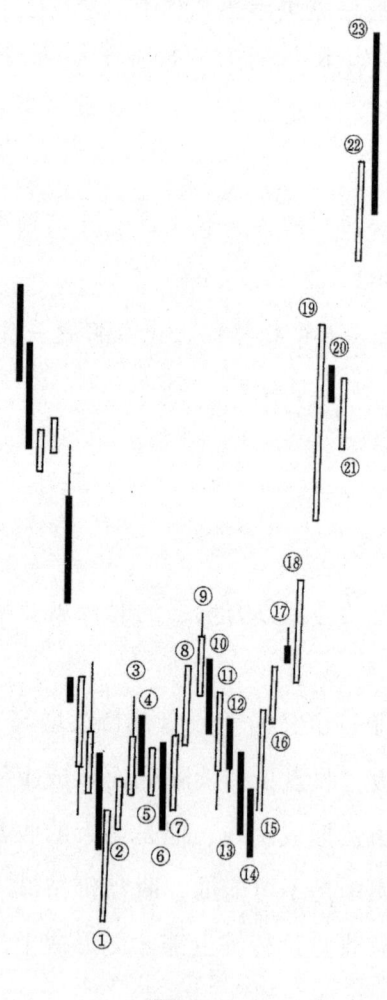

图 29

第六章 酒田买卖法

前面已经讲过，下跌回调在第三支阴线结束的可能性是84%，也就是说在第四支、第五支等结束的可能性是16%。我们应该在正确认识这一比例的基础上逆势而行。

当前的底（虽然这个底是大底，但是在当时还不能确定）是阳线①的开盘。

阳线①的收盘价是高收，是第一个阳线新高。

同样，阳线②是第二个阳线新高。在酒田的逆势中，出现第二个阳线新高时多空双方力量基本持平，一般来说在此处选择减仓。减仓的具体数量和比例会在后面的章节中具体谈到。

阳线③的上影线是第三个阳线新高。至此为止，一个比较小的上涨行情结束。

当前的顶是阳线③的上影线，阴线④的收盘价成为第一支阴线新低。

当然，对于当前的这个小顶来说，阴线④是第一个阴线新低，但是这种低收的现象再次出现，先前出现的三支阳线就是逆行，而这支阴线就是顺行。接下来，阳线⑤的开盘价是一个新低值，但是这既不是低收盘价，也没有形成阴线，所以并不是阴线新低。而阴线⑥的收盘价成为了第二个阴线新低。

从阳线①开始，第三个阳线新高是回调反弹，第二个阴线新低是下跌回调，也就是说是"三个回调反弹，两个下跌回调"，双方力量暂时平衡，但多方力量稍强。这种价格波动是典型的价格长时间在一个价格区间内波动的形式。

9. 探底

阴线6的收盘价成为了当前的底。股价由阴线⑥的最低值到阳线

⑦的收盘价上涨，阳线⑦也成为了当前的第一个阳线新高。

下一支阳线⑧的收盘价也就成为了第二个阳线新高，阳线⑨的上影线也就成了第三个阳线新高。

如果仔细观察就会发现，阳线⑦的收盘价并没有高于阳线③的上影线，直到阳线⑧才超过阳线③。

如果以阳线①的开盘价为底，阳线⑧就成为了继阳线③之后的阳线新高——第四个阳线新高。

理所当然，阳线⑨就成为了第五个阳线新高。至此为止，出现了五个阳线逆行，由此可以确认行情已探底。

前面我们讲过第五个阳线新高探底的平均概率达到 97.2%，所以通过这五个阳线逆行我们就可以推定从阳线①开始的阳线已经开始由逆行转为顺行。

10. 五次反弹，三次跌

从上一节我们可以得出，在此之前是下跌趋势，阴线（低收）是顺行，而在出现五个阳线新高之后确定已探底，所以自探底开始阳线（高收）就成为了顺行。阳线①到阳线⑨原先被看作逆行，在底确定后转变为顺行。这样的价格波动是酒田探底的一个典型。

从图中我们也可以看出，三个新高，两个新低；五个新高，三个新低。

在没有确定探底之前，阳线上涨反弹形成的小顶是一个卖出的好时机，第二个阴线新低开始是卖出获利的好时机。

但是在第五个阳线新高出现后，即可确定已探底，虽说在逆势而行的指导思想下"第二个及以上的阳线新高宜卖出，第二个及以上阴线新低宜买入"，但是也应该适当地积极建仓、加仓。

第六章 酒田买卖法

也就是说,从探底开始到第五个阳线新高之后的第三个阴线新低,这个时间段是很好的建仓时机。

作为建玉法来说,从第五个阳线新高之后的第一个阴线新低开始,宜逆向买入。

阴线⑩是小顶之后的第一个阴线新低,⑬⑭分别是小顶之后的第二个和第三个阴线新低,这三个新低做成一个不足为虑的小底,在这之后将出现壮观的上涨趋势。

所以,适合在第二个阳线新高开始逆向卖出,第一个阴线新低(普通来说应该是第二个阴线新低,但是行情较稳定时是第一个阴线新低)开始逆向买入。

阳线㉒是第八个阳线新高,阴线㉓高开低走,进入休整阶段。

11. 着眼于当前

之前我们也提到过好几次,酒田建玉法是以逆势为主。

在之前几章讲的买线、卖线基本上都以顺势为主,这不免会给大家带来错觉,觉得酒田是以顺势为主。但是通过前面几节对酒田新值的讲解,应该可以剔除这种错觉了吧。

对于酒田新值,我们应该想想计算新值时的界限,或者说是范围。这一点非常重要,但是很遗憾在通行本中对此未置一词。

酒田买卖法是专业的买卖技法,对于执行者的专业素养有很高的要求,这和普通单纯的业余投资买卖显然不同。

专业和业余的不同到底体现在哪里呢?

首先,对市场、对行情的看法和认识上,业余者首先考虑大局,而后考虑当下的行动;而专业者首先考虑当前的局势,然后思考股价是如何变动的。当然,这些都是主观上的认识和见解。而且,业余者的买卖法执着于电视、报纸上的新闻，并且以此为依据来判断行情。

其次，酒田买卖法从当前的价格波动的节奏出发，在一定程度上可以防止或减少损失。以下面两种思维模式为例，我们依然可以看出酒田买卖法与其他买卖法的不同。

业余的买卖法：预计行情将涨，股价可能达到20000日元，所以是买入方针。现在是14600日元，下跌回调至14300日元时委托买入。

酒田买卖法：当下的股价在14500~15000日元之间波动，并且已经持续一段时间。当下虽多空双方力量势均力敌，但是其中一方肯定会打破僵局突破上涨或突破下跌。虽可以一次性下单，但为稳妥起见，先投入少量试探股。如果行情依然看好，继续加仓。

在此还没有涉及具体的买入数量。谈到具体买入数量会相当复杂，而且还需要投资者个人的"投资手腕"。在此不细谈这一点，在后面的章节中会具体谈到。

12. 第五个新值最重要

在进行买入的时候，大多菜鸟会押上所有的筹码，在委托交易时计较一分一厘的得失，迅速从买入市场遁形。然后又急匆匆入市，不幸高价买入。酒田买卖法主张的分步买入能够很好地克服这个缺点。

接下来我们继续谈阳线新值，阳线新值到底能够有多少个新值。

我们前面已经讲过3个新高，两个新低；5个新高，3个新低。阳线新值继续的话，5个新高，触顶；7~8个新高上涨，触顶；12~13个新高上涨，触顶。触顶之后分别有三个下跌、五个下跌，之后将再次上涨。13个以上的新值我们不做处理。

有些书还有以下的说法和指导，但是这些说法和指导未免太具

体、太主观,预测也未免太僵硬。如:

如果出现一线包(开盘价低于前日开盘价,收盘价高于前日收盘价),次日就会出现第二个阳线新值,并且这种态势将持续,然后会出现第五个阳线新值。

出现五个以上新值之后,第二天会出现小的逆行,第三天将继续出现新值。接下来出现一个大的逆行后,通过之后的五个顺行获利。之后顺行新值向最起码第11个或第12个新值冲刺。

以上这些无稽之谈先暂且不管,但是一定要记住,第五个新值的出现是最重要的。

13. 13个以下阴线新值的反复

我们分别对第3个、第5个、第7~8个、第11个、第12~13个新值的出现进行过统计,但是结果显示,准确率参差不齐。准确率有些时候非常高,而有些时候却大打折扣。

其实出现这样的结果也是在意料之中,因为所谓的"新值的计算方法"并不是放之四海而皆准的真理,而是基于长期经验的一种总结,也就是说是股市的一种"习性",或者是常表现出的一种特性。通过新值我们可以很好地把握股市的这种节奏,但是普遍性之外的东西、个性化的东西,我们还需要靠投资者本人拥有的技法来弥补。

细腻的股市技法,还有与之相对应的新值的取值方法都是比较繁杂的,学习者可以根据自身条件选择学习与否,当然这种学习对于初学者来说还是很困难的。通过新值得出的股市的节奏,只适用于逆势。逆势而行的技法是逆当前趋势而行,因此常常伴随不安全感,非常有必要多加练习。也可以说因为这个原因,逆势而行的做法并没有完全传承下来。

我们的新值计算最多只取到第 13 个新值。我曾翻阅过大量酒田通行本，均没有发现 13 个以上的新值取值。

所以也可以说，酒田新值最高能取到第 13 个新值。大体来说，都是以奇数的新值逆势而行。在显示的买卖中，我们要根据实际情况调整买卖数量，补充统计上的偏差，认清新值。

新值的取值方法，我们在前面也讲过，仓位要按照 1∶3∶5，或 1∶2∶3∶4 的比例安排。对于新值的认识和概念尽管稍显模糊，但是一定要以此作为仓位的比例基础。

还有，特殊情况除外，新值一般会有 5 个新值的反复。

14. 建仓的规定

酒田的买卖法是依当前行情而行的买卖法，所以理论上来讲也应该有对于加仓、建仓的规定。

所谓的"市场观测法"无非是说在上涨行情下，努力摸索上涨的规模，观测中期波动，认清顶的变动，但这些说法都未免太笼统了。

某些通行本中提到过"酒田五法"，其中包含"三尊顶"和"逆三尊底"，这些对于行情的看法和认知总感觉不能让人信服。

我对此做了很多的调查，结果表明"酒田五法"最早出现于明治中期。"三尊"虽然是个古语，但是在江户时代的酒田书中完全看不到它的影子。这个调查还在继续中，最终结果怎样就不得而知了。

同样，"酒田五法"也是处于完全不明不白的状态。调查得越多越深入，值得怀疑的地方就越多，越不能信服。主要的疑点如下：

①酒田的型，顶型和底型是完全相反的型，但其实并非如此。

②同样，小顶和小底也并非完全相反。

③所以酒田的型并不是底型的相反就是顶型这种似是而非的理

论，而是在长时间的基础上提炼出来的型的集合。

④日足的集合，原则上是2~3支，或5~6支日足。例外情况也有20~30支日足的情况，但这仅限于二点底型，在顶型处不可能出现这种情况。

⑤这种由多支日足组成的集合型，在原则上都属于逆势，所以观测上比较困难。

⑥如果硬要指出应用观测法的地方，或许只有"底部休整转而向上"这种可以判断的型的时候。

15."股市行情三世图"

观测法是指通过观测预测出接下来的大致走势，上涨或下跌。观测法必须有相应的买卖法作为补充和辅助，这才能构成完整的酒田K线法。

"酒田五法"中提到的"三山"是指三尊、镊子形、圆形顶三种，其实这些东西出自于本间宗久的著作《三昧传》中的"股市行情三世图"。从形状上来说比较接近英文字母M或者是W。下面我就列举一段作解释。

本图（本间宗久的行情三世图）是在设想市场人气的高低的基础上描绘而出的。在触顶及触底之际，告诫人们切勿跟随大流、人云亦云，寓至理于娱乐之中，对投资者的自我反省很有益处。但是本间宗久翁的此图还未定稿，因此为此作注解还不完善，实感遗憾（这之后作者共列举了四种形状，但是在此只列举M形和W形）。

睡眠—休息

这是将股市比作人,说明股市也需要睡眠和休息。劳动使人感到疲劳,因此劳动后势必会睡眠或是休息以作调整。从睡眠休息到觉醒,这个时间相对来说比较长,没有界限。

股市的休息时间,从三十日到一百日不定。如果不了解股市的人气状况的话,可想想扁平的 M 形和 W 形。

时间	过去
波动	第一个月
波动	第二个月
波动	第三个月
波动	第四个月
波动	第五个月
波动	第六个月

时间	现在
平稳	第十个日
平稳	第二十个日
平稳	第三十个日
平稳	第四十个日
平稳	第一百个日

时间	未来
波动	第一个月
波动	第二个月
波动	第三个月

意志的表白

—略—

状态

第六章　酒田买卖法

—略—
形象
W
M

看过这些后大家有什么感想呢？"股市行情三世图"和"酒田五法"到底有何关系？还有这些解说词是出自本间宗久本人吗？这些和酒田 K 线法有关系吗？这些解说的对象是江户时代的稻米市场吗？这些疑问都有待解答。

16. 从酒田 K 线法的组织结构到平仓操作

酒田 K 线法的一个重要部分就是建玉法。"酒田五法"的五个名称既没统一，在内容上也没有一贯而下的感觉，所以感觉不像出自一个人之手，反而倒像多人合作，或者是有人后续添加所作。

按理说，我们应该建立系统，展开理论论述，采用其中一线贯穿的内容。但是如果这样的话我们就不得不采纳一些错误的观点，比如说"酒田 K 线法是通过日足的建玉法""顶和底是相反的"等等；与此同时也会失去很多有价值的东西，比如说对于跨数月的日足集合型的观测法。

而且，江户时代的行情书中不可能出现 M 或 W 这些英文字母，所以接上文：

完全没有相应的建玉法的型我们不予采用。

我们前面也讲述过，在相对单纯简单的行情中以第十三个酒田新值为界限。而在多支日足的集合型中，通过阴阳日足的新值数都可以得到解决，所以对于集合型就没有太大的必要进行专门的讲述。

所以在此强调酒田K线法是基于酒田新值的买卖法。

而且此买卖法主要是以逆势为主，都是逆向的阴阳线的日足新值。

那么，我们将有下面几个基本的问题：

建仓时期的建玉法是逆势而行，那么在期货平仓和对冲时又如何呢？酒田K线法中最为典型的建玉法，是否有从建玉法的结构到期货平仓的原形，或者说是基础这类的东西？

这些疑问是最基础的。目前为止我们已经讲述了部分建玉法。对于酒田新值的取值我们也进行了详细的讲述。但是对于如何平仓这一问题，如果没有深入了解酒田K线法的特质，就不能从根本上解决这一问题。

但是一旦掌握了平仓如何操作，就可以很快在股市上进行实践。慢慢地还可以掌握很多高超的技法，感受技法带来的乐趣。

17. 买卖的记录

在第四章中，我们已经简单介绍过一些交易数量的记录方法。在此，将对交易数量的简易记录方法做一介绍。

买入一手　　　一一

卖出十手　　　十一

也就是说，数量在横线（一）的右边就是买入，在左边就是卖出。这是一种比较普通的记录方式。

再比如说买入五手，又卖出五手，就应该记作五一五。

如果说是买入五手，并且卖出五手组合建玉法，也就是说涉及头寸（Position）的问题，那么就应该用【】圈起来，记作【五一五】。

比如说买入三十手，同时卖出十手期货合约，形成一个小型的证

第六章 酒田买卖法

券组合，它的记录方式就应该是【十一三十】。

在江户时代一般用汉字数字来表示，但阿拉伯数字更为简洁，所以现在多用阿拉伯数字来表示，比如上面一种情况就可以记作【10—30】。

但是这种记录方式也有一个小小的问题，就是这里的数量是指买卖数量还是指目前残存的数量，这一点并未表明。比如说"—20"，这表示将要买入20手，还是卖出的期货合同回购20手，还是新建仓买入20手，还是目前还需买入残存的20手，未可知。所以，如果想要表示经过还需要稍微复杂点的表示方法才行。

买卖操作	当前仓位
30—	
—20	10—
—20	—10

解说：空卖30手，回购20手，所以目前仓位是10手空卖。然后买入20手，其中有10手是回购，10手是新的买入，所以目前仓位是10手买入。

仓位的增减

买卖操作	当前仓位
①—1	—1
②—2	—3
③—3	—10
④—4	—6
⑤5—	—5
⑥5—	—0

解说：

①买入一手，所以目前仓位是有一手买入。此处的买入是建仓。

②继续买入两手。加上上一次的一手，目前仓位情况是共有三手买入。

③继续买入三手。加上上两次的买入，合计共有六手买入。

④继续买入四手，目前共计有十手买入。到目前来说买入是以1∶2∶3∶4的方式进行的。

⑤卖出五手，那么目前仓位就剩下五手。也就是说十手买入中卖出了五手。

⑥再次卖出五手，目前仓位为空。

从这个过程可以清晰看出买入和卖出的全过程：首先是少量买入，之后分次大量买入，使用逐渐加仓的方法，之后又分两次卖出。可以看出这种记录方式还是比较简洁明了的。

18. 买卖谱

上面的一种记录方式尽管简洁明了，但是并不完美。因为对于限月、交易日期、交易价格等一系列信息并没有载明。加上这一系列信息才能成为真正的交易记录，而这种记录就是我们接下来要讲的买卖谱。

最详细的交易损益的记录是《委托分类账目》。这种账目是按照商品交易法而作的法定账簿。但是这种损益记录由于太过繁杂，所以看起来既费时又费力。

也有人持拿来主义，将《委托分类账目》简而化之，修改成自己想要的模式做自己的买卖谱，既简洁又详尽。大家也可以借鉴一下，将自己的交易记录作成买卖谱，交易过程一目了然，这样既可以为下次的买卖提供参考，又可以借此机会学习一下。下围棋有棋谱，我们炒股也一样，需要买卖谱。

第六章 酒田买卖法

买卖谱看起来一目了然，比较容易理解，所以解说酒田买卖法很久以前就开始使用买卖谱。酒田的建玉法是通过日足表示的，所以同时也可以通过酒田的日足表示买卖的过程。

比如说，在上涨趋势中的下跌回调，一般来说出现三个阴线新低止跌的情况比较常见，如果将此情况记录成买卖谱的话是怎样的呢？请看图30。

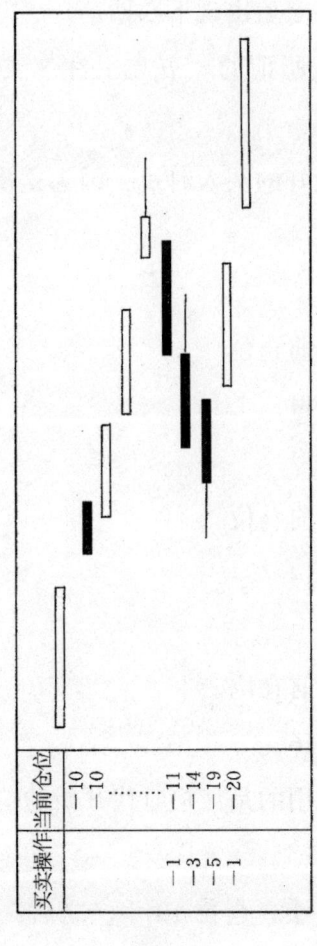

图 30

定本酒田战法

图 30 是将图 28 和图 29 的酒田新值的取值方法，通过最典型的型表现出来，并显示下跌回调是最典型的买入方法。

在追加买入的时候，使用一贯的 1∶3∶5 的方法进行。

说明：

行情骤然上涨。这时行情依然触底，但是否还有卖出余量未可知。通过这个日足所表示的限月，买入仓位建仓买入 10 手，在图仓位的地方用—10 来表示。

在第五个阳线新高之后出现下跌回落。

这个下跌回落就是所谓的"五支上涨三支回落"中的"三支回落"。

这次下跌回落是绝好的买入时机，因为这次下跌是转为上涨趋势后的第一次下跌。

第一个阴线新值：

| 买卖操作 | 当前仓位 |
| —1 | —11 |

第二个阴线新值：

| 买卖操作 | 当前仓位 |
| —3 | —14 |

第三个阴线新值：

| 买卖操作 | 当前仓位 |
| —5 | —16 |

这里的买入方式采用的是江户时代开始的追加买入方法，即 1∶3∶5。

至此，买入合计 9 手，仓位 19 手。之后，下跌后开始反弹之时再买入一手，共计 20 手。

在下跌回落时买入的 10 手的平均值，大概相当于第二支阴线的收盘价。酒田 K 线法的追加买卖的妙处正在于此。

19. 试探股

对于酒田买卖法的买入方法，有很多书都提到了试探股、本股。这说明人们对于试探股和本股的研究比较久远。而且，本股这个词本身听起来就像个古语。

在顺差的时候，本股也被称为建顺，但这并不是指顺势时候的建仓、加仓，而只是相对于试探股而言的本股。这里出来一个问题，试探股和本股在现实中如何建立？

根据通行本"应牢记，试探股适用于远期交割"的记述，试探股常常是卖出期货。

也就是说，不管股市走势是强还是弱，市场人气是高还是低，总之一句话，试探股是卖出期货。

当然，卖出就是说不能买入。理由如下：

①远期交割本身就是为了卖出；

②从交易结构上讲，对于卖出方有利；

③可以避免差额削减；

④可以避免长期持有不利仓位；

⑤如果买入远期交割的期货，那么将没有对冲的限月。

但是我知道新东时代的经纪人有时会将试探股用作买入远期期货。从理论上讲试探股适合卖出，但是一些有个性的经纪人有自己特殊的方法，所以有时也有例外。

当然对于我们普通人来讲，我觉得还是遵从惯例，试探股用于卖出期货比较好。

20. 一体的头寸

试探股是在投入本股之前起斥候作用的资金,所以资金量并不大。

《三猿金泉录》中谈到,本股不管是以十手为单位还是以五手为单位,试探股应该控制在五手或五手以下。

建立试探股时要强势,之后按照如下方式卖出期货。

三限月的买入和卖出如下图 A,六限月如图 B。

(A)

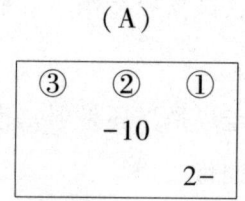

(B)

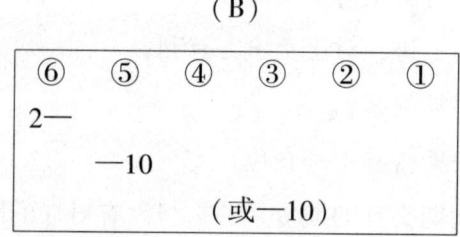

A 三限月(过去稻米市场和股市均以三个月为限月):

1. 作为试探股,空卖两手三个月的期货③。

2. 通过试探股试探股市行情,在限月中期买入两手两个月的期货②。

3. 所以，现在的仓位情况是【2—10】。

试探股和本股的多少因人而异，比如说也可以投入五股试探股，20 股或 30 股本股。

但是试探股和本股并不是割裂、完全没有关系的，实际上二者在数量上应该形成一定的比例。比如说本股是【—20】或【-30】时，试探股的持有应该大约为【2—】【5—】。

组合方式也可以变化，比如说 A 中的组合方式是【2—10】。但【5—30】也是一种组合方式。

本股和试探股的差正是产生不同的损益的原因。

【注】
　　在现实中可以预测差额的变动，具体将在建立对冲的章节详细讲述。在讲述试探股的阶段，理解为高价卖空即可。当然这并不是研究所谓的《期货市场理论》，我们依旧围绕的是酒田 K 线法的买卖法。

21. 本股逆势建仓

上一节讲到为了买入十股，空卖两股作为试探股，所以本股和试探股的差是八股。如果我们的试探股是空买而不是空卖又会如何呢？

```
(1)    ③    ②    ①
              —2
(2)    ③    ②    ①
             —10
```

从图中可以看出，在限月中期空买试探股（1），如果行情见好，投入本股十股（2）。这样做使在持有本股之前得以有一个喘息的机会，投资效率得以提高。

空卖的试探股合计交易 12 手，两手卖出加 10 手买入，本股和试探股的差是 8 股，也就是说实质上持有 8 股。而空买试探股时，合计交易是 12 手，实质上也是持有 12 手。

对于空买试探股的态度我前面已经讲过，在此就不多赘述了。

我们还是返回到酒田的买卖法。试探股需要逆势而建，而且必须是出现五个阳线新值的当天或者是第二天卖出。然后在出现第一个阴线新值时买入本股。拿图 30 作比方，需要在出现三个阴线新值、增加买入 10 手之前买入本股。

概括来说，建仓及加仓顺序应当如下：

①试探股：

空买期货两手。

②本股：

a. 第一个阴线新低的收盘或者是第二天的开盘时，空买，10 手。

b. 第二个阴线新低的收盘或者是第二天的开盘时，空买，30 手。至此合计买入 40 手。

c. 第三个阴线新低的收盘或者是第二天的开盘时，空买，50 手。至此合计买入 40 手。

③仓位至此大体构建完成。

持仓结构是【2—90】。

22. 平仓

建仓时多是逆势，在出现阴线新值时进行；而与此相反，平仓是

第六章 酒田买卖法

出现阳线新值时进行。

大多数通行本中对于平仓并没有详细的说明，只是简单说"平仓和建仓相逆"。有些书中虽然对从建仓到对冲、平仓都有说明，有些书甚至对于买入数量都做了详细说明，但是加仓法不外乎1∶3∶5，并没有出现其他加仓法。

有些通行本中出现以下描述：

这些买卖的数量，也就是说加仓的应用，应该是随着新值的出现可畅通无阻地任意加仓。有人主张分几次逐次平仓，平均分割，这样在心理上占有优势。这种说法是否可行还有待考证。

虽有以上描述，但没有举例说明。从文章上来看，所谓"平均分割"可能是3∶3∶3的加仓法。如果是这样，就和金泉录的"九分割法"相吻合。

这种买卖方法应用于实际的价格波动中应该如下：

买卖操作	当前仓位
—1	—1
—3	—4
—5	—9

在出现第一个到第三个阴线新值时如果已有买入，卖出操作方法如下：

买卖操作	当前仓位
	—9
1—	—8
3—	—5
5—	0

也就是说：

第一个阳线新值时，卖掉 1 手。

第二个阳线新值时，卖掉 3 手。

第三个阳线新值时，卖掉 5 手。

从以上也可以看出，平仓时的买卖方法和建仓时正好相反，出现第一个阴线新值时买入的一手在第一个阳线新值时卖出。也就是说在这个组合中（共计 9 手），最高价买入的一手却卖出最低价平仓，这明显很不合理。

在一个股票组合中，获利的平均值大概是在第一个阳线的收盘价或者是第二天的开盘价，也就是说如果按照 1∶3∶5 来平仓，这个平均值会稍微低于或等于第一次的卖出价。所以买入的第一手的价格是相对较高的，如果是用卖出第一手平仓的话，势必买入价格高于卖出价格，降低收益率。

23. 检讨卖出策略

在上涨趋势中下跌回落时买入，在下跌结束开始返阳时卖出，这是我们一贯的做法。如果返阳时阳线回升幅度较大，那么我们前面章节中所讲的 1∶3∶5 的卖出方法是很不错的一个策略。但是如果返阳时并没有大幅上涨，比如阳线幅度较小，或者结束下跌后没有出现大的回调即进入持续整理状态，对于投资者的心理来说可谓是个打击。

大体来说，在股价比较稳定的行情中，或者股价在一个价格区间内反复的行情中，阴线跌幅往往要大于阳线的涨幅。

在这种情况下，如果买入和卖出均按照 1∶3∶5 来进行，买入的平均价说不定还会高于卖出的平均价。

我们可以从买入价格最低的开始平仓，采用平均卖出法——买入：1∶3∶5；卖出：3∶3∶3。

第一次卖出时，卖出买入价格最低的五手中的三手，然后卖出第二次买入的三手，最后卖出第一次买入的一手以及最后一次买入剩下的两手。这种方法多少能够获得稍高的收益率，也能使投资者心理上感觉更合理。

【注】

① 在相同次数的买入和卖出中有两种不同的方法，一种是按照买入顺序逐次卖出平仓，一种是从买入价格低的开始卖出平仓。

在本文中，1∶3∶5的平仓方法是按照先买入先平仓的方法，而3∶3∶3的平仓方法是从买入价格最低的开始平仓。

② 所谓"阴线跌幅往往要大于阳线的涨幅"是指可买卖的有效值幅，具体内容参见下节内容。

24. 有效值幅

图31是股价保持稳定，三个阴线新值和三个阳线新值的反复的典型例子。

顶A到底B，出现三个阴线新值；

顶B到底C，出现三个阳线新值；

顶C到底D，出现三个阴线新值；

顶D到底E，出现三个阳线新值。

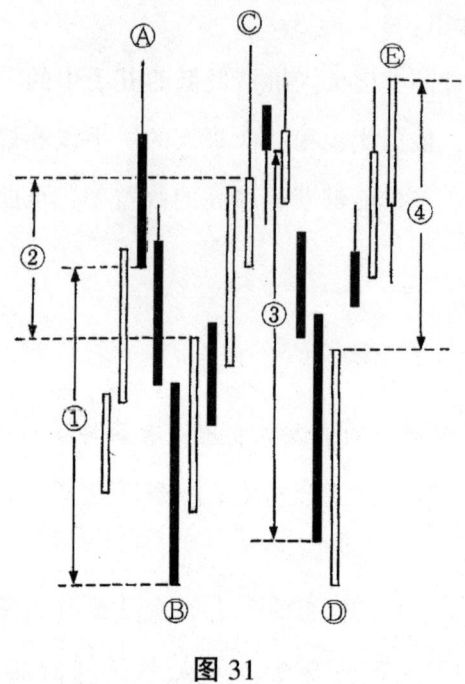

图 31

如果按照我们先前所讲在阴线新值时买入的方法，我们买入的价格区间范围是第一个阴线新低的收盘价到第三个阴线新低收盘价，而且只能是在这个区间内买入。这个区间范围称作"三个阴线新值的有效值幅"，或者简而言之"三个阴线新值值幅"。

三个阴线新值值幅也就是图示①所表示的区间。平均值当然也落在这个区间内，但是根据不同的买入方法买入平均值或低或高。

三个阳线新值出现底 B 到顶 C 的区间，也就是②是阳线新值值幅。可以看出②所示的区间要小于①所示的区间。

C 到 D 的这段下降区间是阴线新值值幅③。

D 到 E 的这段上涨区间是阳线新值值幅④。

从图上可以看出，阳线的值幅相对于阴线的值幅要小。由此我们可以从侧面印证股市的一个原则——"慢买速卖"的正确性。这个原

第六章 酒田买卖法

则适用于小规模的价格变动,同样也适用于长达几个月的价格变动。

我们所说的"卖出"是指对于买入的平仓,还可以是空卖。

稻米市场的三个月期货市场,一般来说是空买中期交割期货,空卖远期交割期货,这样的买卖法考虑了限月间的差额。空卖是作为对冲的卖出,所以可以成为独立的买卖技术。

酒田买卖法对于卖出平仓谈得比较少,空卖却在各种酒田K线法的书中都可以见到,而且相对于空买,对空卖的叙述都很详尽。

但是这并不是说酒田K线法是以卖出为主的买卖法。讲卖出是和买入捆绑在一起的,这也就是我们将要讲的对冲。

25. 对冲

为了避免现货交易由于价格下跌而造成的损失,在期货市场建立数量相等、方向相反的头寸就是对冲。

具体来说,如果拥有现货或持有股票,在有差额的限月建立期货卖出合同,这就是对冲。

反过来说,如果持有期货卖出合同或需卖出的股票,在有差额的限月建立期货买入合同,这也是对冲。

买入对冲和卖出对冲是相对应的,二者构成完整的对冲。

卖出三个月为限月的10张期货合同,在还有一个月到期时买回这10张合同,这就建立了期货市场的卖出对冲头寸,如下表示:

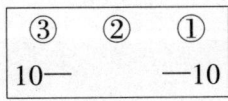

买入对冲的建立和卖出对冲正好相反。

26. 对冲头寸的应用

可能大家会有这样的疑问，在建立对冲头寸时，是不是新买入之后就立马建立卖出对冲。

答案是：是的。比如按照1：3：5建立了买入头寸，在建立卖出头寸时也应该按照1：3：5的比例来建立。当然，在现实股市中不太可能完全按照这个比例来建立相反头寸。

但是在股市保持相对稳定，价格波动不大时会经常使用这种方法。在建立头寸之后的运作比较特殊，所以在此暂不作说明。

在所有酒田K线法的书中，没有一本书提到在股市稳定股价波动不大时的买卖法是【10—10】。或许也有，但到目前为止我还没见到过。

接下来我们按照1：3：5建立对冲。建仓时按照1：3：5建立，建立对冲头寸时也是按照1：3：5建立。仓位情况如下，这种方法是非常典型的一种对冲：

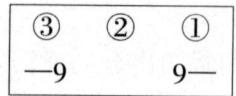

这种典型的对冲是以三个月为限月的，源于以前稻米市场（稻米市场以三个月为限月）。如果将三个月的限月改为目前股市的六个月限月的话应该如下：

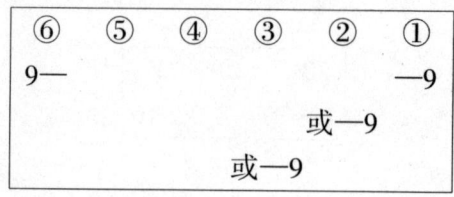

第六章 酒田买卖法

也就是说,相对于买入(一个月或两个月或三个月交割的九手买入),建立顺差额的六个月交割的卖出对冲。

为了便于说明,在此举例时采用了出现三个阴线新值建立买入对冲,在买入之后出现阳线新值卖出的例子。这个例子非常典型,但是在实际股市中,规模要更大,经历的时间要更长。

建立对冲的最终阶段是在保全收益阶段,所以对冲头寸并不是本股,而只是一种避免损失而采取的暂时的手段。

建立对冲有时会成为下面这个样子,所以到底是否已经开始对冲都不甚了然。

开始建仓:

③ ② ①
—9   4—

随后继续:

③ ② ①
 0   —9

几天之后:

③ ② ①
1— —9

所以,建立对冲时还需建立相同数量的相反头寸。例如:

④ ② ①
9—   —9

如果对于买入头寸进行了平仓,只剩下了卖出头寸,那么对冲是不能成立的。

27. 对冲头寸的目的

新的买入、新的卖出以及对冲，这些头寸在开始建立时都是从零开始的。在建仓途中即使因为股价的波动而有所变更，那也需要在此瞅准时机建立头寸直至达到预定的数量，之后建立对冲头寸。对冲头寸经常会反复增减，最后结束对冲，这样就可以避免损失，确保收益了。

可能有人会有这样的疑问，如果对冲头寸反复增减，会不会失去平衡。举例来说，如果建立如下头寸稍弱的仓位：

$$
\begin{array}{ccc}
③ & ② & ① \\
-9 & & 9- \\
& \downarrow & \\
-8 & & 9- \\
\end{array}
$$

或者是如下略小的仓位：

$$
\begin{array}{ccc}
③ & ② & ① \\
-9 & & 9- \\
& \downarrow & \\
-8 & & 9- \\
& \downarrow & \\
-8 & & 8- \\
\end{array}
$$

这样头寸减少，卖出的成本增加，买入的成本减少。或者也可以减少买入头寸。

$$
\begin{array}{ccc}
③ & ② & ① \\
-9 & & 9- \\
& \downarrow & \\
0 & & 9- \\
\end{array}
$$

第六章 酒田买卖法

这样完全呈抓住下跌趋势的姿态，这时的操作方法就会因操作者的喜好、专攻的不同而不同，不过总的来说就是参照典型标准随机应变。

在酒田 K 线法的书中都记载了买卖法，比如如何建立买入、卖出头寸，如何建立对冲，但是对于如何套利、如何有效结束对冲，所有的书中都未作任何记载。

书中没有记载并不是说在现实中不存在。和其他国家的建玉法相比，日本的建玉法要更细腻，甚至可以称为股场艺术。关于这一点由于篇幅有限，而且远离主题，所以在此就不展开叙述了。

第七章
强弱观和预见性

1. 强弱观

K线的实际强弱和人主观上对K线强弱的看法是不同的。

很多时候,主观上的强弱观(对K线强弱的看法)会直接决定建玉法,所以可以说主观上的强弱观和建玉法的强弱是一致的。

我们将要讲述的是基于酒田K线法的传统,对于股市强弱的一种见解,这种见解可能和个人对于股市强弱的看法不相符,当然也很可能和个人所持有的仓位的强弱不同。

在此说明这一点是为了对"强弱"有一个清晰的认识。对于"强弱"的理解体现出了专业和业余的差别。比如说很多人都有这样的看法,"如果能够正确地判断K线就可以获利,方法是如果K线出现卖线就卖出,如果出现底型就买入"。

但是很肯定的就是这种看法是错误的。

错误在于,这种看法是以"能够正确判断K线"为前提的,所以即使把所有的顶型和底型都记住也无济于事。

通过K线,特别是顶型和底型判断的准确率是60%~84%。这个数据是十几年对酒田K线法在股市上的准确率的统计。

如果真能达到这个准确率那么在股场上应该能获利。但是很多人的错误在于，即使K线给出了正确的提示但是却没有正确地接收到这个信息，所以准确率会比较低。

那么问题就来了，应该以什么姿态接收K线的提示？怎样才能使K线的提示、个人的判断、个人的买卖方法保持一致呢？

当然，我们研究的是K线论，所以是以K线为主体的。随之而来的就是怎样有效利用酒田建玉法。建玉法因人而异，而且差别比较大。对于建玉法前面的章节已经做了比较详细的阐述，在此就不再赘述了。

2. 抓住酒田的特征

我们在前面的几章中对于日足组合的强弱、日足集合型的强弱、顺性和逆行等主要内容都做了比较详细的阐述。这些强弱观都是立足于酒田K线法的其中一个体系的观测法，而且这些观测法的准确率相当高。

但是酒田K线法缺少对大势的看法，或者干脆说酒田K线法里没有对大势的见解。

也就是说，如果信奉酒田K线法，想要通过酒田K线法磨炼自己的技法并且取得成功的话，就必须舍弃对大势的判断。

可能有人会觉得这简直是疯了，但是事实就是这样。因为世间没有万能的K线法，不管哪种K线法都同时拥有优势和欠缺。而酒田K线法的优势就是没有对大势的解读，这个观点是我自身和长年研究K线法的研究人员的共同看法。

通过供求关系来判断大势，这是酒田K线法教给我们的。

然后绘制出大的供求变化的波，通过股市中期波动，结合当前日

第七章 强弱观和预见性

足走向进行判断，进而建仓、加仓。

3. 接受的前提

如果不能正确理解、接受酒田 K 线法，那么在股市上可以说将一无所成。

要想正确接收酒田 K 线法给我们的提示，我们应该保持如下姿态：

①大势不通过 K 线来判断。对于这一点我们前面已经讲过，因为通过日足、日足的集合型是无法判断大势的。酒田 K 线法的真正价值所在是让我们排除"幻想的预测"，让我们冷静下来抓住价格波动。世人所说的大势，其实和幻想、妄自猜测比较接近。

②彻底的逆势而行。顺势是在别无他路时的无奈选择，从原则上讲顺势可以说是旁门左道。我们前面讲的套利、平仓还有对冲，都是根据酒田新值而行的逆势。在以前的股市上，顺势限于在平仓、对冲时使用。

③严格区别顺行和逆行。即使同是出现了三个阴线新值，在上涨顺势的行情中，这是一个绝好的买入时机；但是在下跌顺势的行情中，通常需及时卖出。当然也有极端的做法就是继续持有，等待回调再卖出。总之，即使是相似的型，到底是买还是卖，会有截然不同的对待。

④期货不买的原则。期货对于现货市场到底有多大的预示作用，我们会在后面讲到，总之期货集合了众人的预见，价格波动比较敏感。这种波动会成为型，会导致出现新值，可以说期货是现货市场的晴雨表。

⑤要将每次的买入量控制在资金量的三分之一。即使是上涨顺行

出现阴线时的买入，买入量也要控制在资金量的三分之一；如果股市如预测那样，那么追加买入时买入量也要控制在资金量的三分之一；剩下的三分之一一定要考虑是否还有余力买入。一定要深刻理解酒田买卖法中的"资金的合理使用"。

4. 期货的预见性

酒田K线法本身对于"差额"其实并没有记载。但是在期货的预见性的说明中，包括建玉法的说明中，处处可见"差额"。

在以前稻米市场的股市用语中，有相当多的股市术语都与"差额的变动"有关。

所以一定意义上可以说酒田K线法主要是由酒田新值和差额变动组合而成的。

接下来我们结合差额的变动，探究低开低走、拍子木、高开低走这几个型是怎样出现的。

通过比较这三个日足组合当前的情况，以此为基础，考察差额的变动具有怎样的预见性。

请看图32。这几个图在关于酒田日足的说明，特别是日足组合中经常使用。由于这些图比较易于理解，所以在此借用来讲解差额的变动。

首先看A。A是期货触顶后暴跌的日足组合。

①所谓的"高开低走"。第二天的开盘价越过了第一天的收盘价，但是最终收盘成阴线。不过第二天的收盘价仍高于第一天的收盘价。

②拍子木。第二天的收盘价和第一天的开盘价相同。

③第二天的开盘价低于第一天的收盘价，第二天的收盘价低于第一天的开盘价。

第七章 强弱观和预见性

也就是说，分别与第一天的开盘价相比，①的开盘价更高，与②的开盘价等高，③的开盘价更低。这三者正好可以和近期交割、中期交割、远期交割相对应，这表示离交割日越远的跌幅越大。这种情况在现实中也经常出现，想必大家也都见到过。

5. 暴跌之前

近期交割还残留有上涨行情的余力，而远期交割已经彻底失去了上涨的动力。也就是说期货更早、更容易暴跌，也可以说期货在进入暴跌之后开始进入下跌趋势，这也就是期货的预见性在暴跌上的表现。

这里就会涉及一个问题，期货会继续暴跌吗？这是一个需要具体而论的问题，不能一概而论。

图 32 表现的仅仅是两天间价格变动的差别。我不禁想到，在这两天之前，也就是暴跌之前又经历了怎样的变动呢？

这个答案显而易见，在暴跌之前期货并没有暴跌，因为那时还处于上涨阶段。换句话说，期货在暴跌之前处于上涨行情。

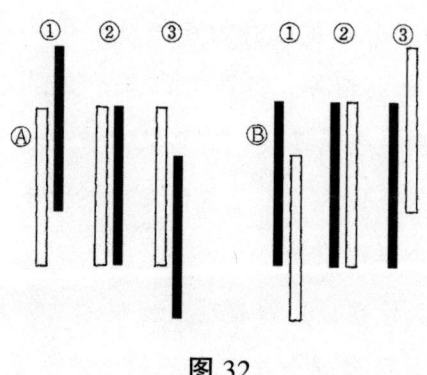

图 32

定本酒田战法

上涨行情，除特殊情况外（顺差额的时候，或虽是逆差额，但是在上涨或下跌中继的时候），期货总是引领整个股市。由于看涨人气高，期货暂时不会出现暴跌，所以上涨行情得以持续。

那么在上涨行情中，看涨人气最高（当然期货走势很强），期货完全引领股市的最盛时期是什么时候呢？是在即将触顶之时。这时期货完全没有表现出任何暴跌的迹象，反而表现出差额拉得较大。

这时候 K 线又有怎样的表现呢？请看下面：

①一般来说，期货的上涨较大；

②日足有以下两种表现：近期交割低开高走，远期交割高开高走，即使近期交割有所下跌，但是远期交割的下跌幅度会低于近期交割；

③下跌的第二天，期货仍然高开；

④从日足的集合型来说，远期交割的低值的反弹比较大；

⑤打破股价相对稳定的时候，上涨往往从期货开始，所以期货多出现涨跌反复的阳线；

⑥期货往往出现一夜暴涨。

【注】

图 32 中的三个日足组合的阳线都处于同一个水准，阴线、阳线的高度也相等。但是它们只是日足组合，并不是型。所以通过阴线表明暴跌，而且从高值开始暴跌的幅度也相等。可能有人会说这并不是值的暴跌，关于这一点我们会在后面的章节中详细论述。

期货的预见性在顶处的表现是出现暴跌，是下跌趋势的先导。如果仔细观察就会发现期货的上涨还是比较迟钝的。所以酒田建玉法中规定"期货上涨较大时建立对冲"。

6. 强势变动、弱势变动

下面我们讲述触底时的表现。

图 32 表示的是不同限月交割的日足组合，①是近期交割，②是中期交割，③远期交割。从图可以看出，价格变动正好和触顶时相反。

近期交割低开高走，中期交割是拍子木，远期交割高开高走，也就是所谓的"期货往往是阴线成底，阳线成顶"。

这几个组合都表示人气较弱的局面即将终结，也就是说是看涨人气逐渐聚拢的征兆，从第一天的收盘价开始，交割日越远之后的反弹越大。

也就是说，远期交割的期货显示出更强劲的变动。很明显，期货预示了上涨的行情。

在下一节我们继续深入探讨，这种价格变动除了在触顶和触底之外会出现在何种情况之下，以及在不同场合下强弱的判断和预见性在 K 线上的表现。

7. 期货的暴跌

上一节提到的问题稍稍有些复杂，我们将从以下几个方面进行论述。

①现实中价格变动的实例；

②由此引发出的典型的变动；

③在典型的波动之时的基本的建玉法；

④从基本的建玉法拓展到建玉法的实例。

以上这4点中，③④在之前的章节中时不时会提到，所以主要是针对①②举一些实例，然后集中关注怎样通过酒田K线法捕捉期货的预见性以及对其的处置方法。

现在我们返回到第4章学习各限月的比较中出示的图17。图17是个限月在小顶时的表现。

顶　　　　　　二月十二日

二月到期　　　通过阳线的上影线筑顶　　　17220 日元

六月到期　　　通过阴险的开盘价筑顶　　　16830 日元

七月到期　　　通过阴线的开盘价筑顶　　　16950 日元

从两个月到期到七个月到期的期货表现出了细微的差别，比如说两个月到四个月限月在开盘后出现高值，而五个月到七个月到期是以开盘价筑顶。而且，二个月和三个月限月在当天能形成阳线，所以有阳线的影线。而四个月限月有阴线的影线，五个月限月上下半场的开盘价等高，而后形成阴线。六个月和七个月到期的开盘价成为顶，之后价格下滑形成无影线的阴线。

通过对比顶和一周之后19日（星期六）的开盘价，就可以很明确地知道价格变动的差别。

首先我们比较二、六、七限月。

19日开盘价

二月到期　　　16660 日元

六月到期　　　15450 日元

七月到期　　　15410 日元

也就是说

第七章　强弱观和预见性

二月到期　　　　价格下降了 560 日元

六月到期　　　　价格下降了 1380 日元

七月到期　　　　价格下降了 1540 日元

可以看出，交割日越远，下降幅度越大。这就是我们所说的"期货的暴跌"。各限月价格变动的差别成为在顶处确认的关键因素。

8. 期货先卖

接下来我们来看触顶的另一个例子，1973 年 7 月 13 日的顶。

下面我将引用我的另一本书《投资赚钱》第 152 页中关于期货暴跌的一段：

"在 1973 年 7 月 13 日触顶之时，股价为 19730 日元。但是在第二天股价突然暴跌，下跌了 270 日元。近期交割的期货虽然上涨了 10 日元，而远期期货却开始下跌。"

而当天的收盘价与前日相比，近期交割（7 月到期期货）下降了 250 日元，远期交割（12 月到期期货）下降了 630 元。

可以看出期货的下跌是肯定的，这符合我们所说的"顶部的暴跌从期货开始"的原则。

接下来我们再进行以下比较：

7 月 13 日

七月到期　　　　16540 日元

八月到期　　　　16780 日元

九月到期　　　　17170 日元

十月到期　　　　17800 日元

十一月到期　　19220 日元

十二月到期　　19730 日元

当前差额　　　3190 日元

7月21日

七月到期　　　16050 日元

八月到期　　　16180 日元

九月到期　　　16540 日元

十月到期　　　16750 日元

十一月到期　　18100 日元

十二月到期　　18600 日元

当前差额　　　2550 日元

7月26日

七月到期　　　16600 日元

八月到期　　　16650 日元

九月到期　　　16910 日元

十月到期　　　17200 日元

十一月到期　　18480 日元

十二月到期　　18710 日元

当前差额　　　2110 日元

也就是说 7 月 13 日到 7 月 26 日的价格变动，近期交割上涨了 60 日元，而远期交割下跌了 1020 日元，由此也可以看出期货（远期交割）的暴跌。

以上这些波动用数字表示没有直观的感受，如果绘制成 K 线的话就能一目了然。

接下来我们将通过以下 3 点引出买卖法：

第七章 强弱观和预见性

①顺差额先买。

②期货是为了卖出。

③不到万不得已的时候不要买入期货。

对于这几点，可能有些读者会有以下的想法：

在不同限月期货市场上，不同限月的价格差的确很惊人。这一点从典型的价格变动就可以很清楚地看出。

但是，这种典型的价格变动，是通过期货的暴跌来确定触顶的，也就是说是触顶之后的暴跌证实了已触顶。从 K 线上来讲，是在触顶后出现期货的暴跌，所以只能说是"后见性"而非"预见性"。

触顶的确定是通过触顶后才证实，这对于实践没有任何指导意义。

如果是这样，在触顶之前，比如说不同限月出现差额，或者远期期货较之近期期货有大幅上涨等，应该有典型的价格波动，之后作为这种价格波动的相反力量期货出现暴跌。

所以，后见性对于我们没有意义，我们更需要对于预见性的说明。

9. 期货的上涨

上一节中最后的理解说的极是。

在期货暴跌之前，也就是触顶之时和触顶之前，价格变动是暴跌的正相反——上涨。

逆势的高手会瞅准触顶前的上涨而选择卖出。

期货的上涨是发生在触顶之前，这一点毋庸置疑。那么，这种事情经常发生吗？具体来讲是怎样的价格变动呢？其实这和触顶之后的各限月差额缩小完全相同。

定本酒田战法

1971年10月的顶，顺差额转换成了逆差额。当然，这也是期货上涨最激烈的时候。而前面所说的1973年7月的顶却悄无声息，不引人注目。

6月24日

当期交割　　　14000日元

远期期货　　　16550日元

差额　　　　　2550日元

6月26日

当期交割　　　14100日元

远期期货　　　16780日元

差额　　　　　2680日元

可以看出两天后比两天前有所上涨。在触顶之前，期货出现了显著的上涨。

7月9日

当期交割　　　16000日元

远期期货　　　19010日元

差额　　　　　3010日元

期货的上涨是因为人气的上涨，看涨人气用尽之时也就是触顶之际。还有卖涨，这两点都可以体现出酒田K线法的"逆势建玉法"。

期货的上涨是因为看涨人气的上涨，那么这种现象和从触底之后开始的上涨有什么区别呢？

期货通常被人们用来测量人气的高低，一般会大量卖出，然后上

第七章 强弱观和预见性

涨买入，出现限月差额。这种变化体现在 K 线上会表现出期货的暴涨、停止、上涨、暴跌等各种现象。那么，触底之后的上涨和触顶之前的上涨到底有没有区别？

这个问题对于外行来说可能不会有什么区别，但是对于多少有些"酒田"素养的人来说区别就是期货的上涨常常会出现在触底之后、中段打破稳定之后和触顶之前。

这三点也可以说是"先卖"的条件。

10. 暴跌的前兆

在上一节中我们已经提到了期货上涨的 3 个时机。那么这 3 个时机是否符合"先卖"的条件呢？答案当然是肯定的，但是从一般性见解来说却是否定的。

酒田的基本技法是"逆势、先卖"。当前的卖出股，或者是买入股的对冲，无论在何种情况下都应该是先卖。但是在对冲股将要变为本股，也就是应该建立较弱的卖出股时，当前的卖出股或买入股的对冲将成为触顶之前期货的上涨。

所以，对于观测大势的投资者来说，酒田的逆势"先卖"的精髓是和触顶前期货的上涨相对应的逆势。

以上就是我所谓的"一般性见解"。这种见解没有涉及大势的观测和买卖法，因此有误。

比如说，我们之前讲述过的"三山"，也就是三尊顶。"三山"是在明治末期追加的，所以如果是以 K 线法为基础的话，买卖法是"真正的先卖应该是在触顶之前的期货的上涨"。但是很遗憾，酒田买卖法中并没有这一点。

根据酒田 K 线法，即使是触底之后的期货出现上涨也宜"卖出"。

但是在触底后的上涨阶段和中段的上涨阶段,"先卖"是消极的卖出,而积极的只有中期期货的买入。

我们撇开这些理论性的东西,在现实中"期货的上涨"可分为具备看涨的预见性和不具备看涨的预见性,也就是暴跌的两种前兆。

酒田K线法和买卖法,全部都是基于经验而来的。接下来我们看看多空力量强弱、预见性和买卖应该如何联系在一起。

11. 强势之时

在这章的最开始我们讲到了期货的"阳线顶"和"阴线底"其实是有些问题的。

比如即使出现典型的阴线底,这个底也可能是个小底。不过还好这并不影响买入试探股。

如果是看涨行情当然想买入。但是看涨行情的征兆是什么？换句话说,如何在恰当的时机低价买入？应该在哪里观测看涨的征兆？后一个问题的答案很确切,那就是在期货上涨之时。

这里所说的期货的上涨既包括当前的小幅上涨,也包括出现五个阳线新值的大幅上涨。比如：

与中期期货相比,远期期货的下跌幅度较小之时,要瞅准时机在下一次开盘（或第二天）买入中期期货。

与中期期货相比,远期期货的上涨幅度较大之时,要瞅准时机买入中期期货。

还会出现如下期货走强的预见性：

与中期期货相比,下跌幅度较小的时候。

与中期期货相比,期货涨幅较大的时候。

第七章　强弱观和预见性

当然，从当前的期货看涨的角度看"预见性"的话，以上并不能看作是大的转变的先兆。

前面我们所说的"期货的暴跌"，并不是对于当前的预兆，而是指价格比较大的大幅波动，或者说是期货人气的减退、买方力量的衰弱、进入下跌趋势的先兆。接下来我们看看暴跌的相反，也就是期货大幅上涨的表现。

我们以1971年11月的看涨行情为例。

11月1日

十一月到期　　　14100 日元

十二月到期　　　14160 日元

一月到期　　　　14270 日元

二月到期　　　　14300 日元

三月到期　　　　14210 日元

四月到期　　　　14570 日元

新出的限月（四个月限月）几乎没有什么差额，但是二月到期和三月到期出现逆差额。

到了11月7日

十一月到期　　　14060 日元

十二月到期　　　14395 日元

一月到期　　　　14360 日元

二月到期　　　　14300 日元

三月到期　　　　14430 日元

四月到期　　　　14600 日元

可以看出，二月到期和三月到期的期货是顺差额，当前的差额在各限月表现并不明显。上涨行情的前兆——期货的看涨目前还比较微弱。

但是到了 11 月 15 日，期货的看涨逐渐显著起来。

十一月到期　　12130 日元

十二月到期　　12400 日元

一月到期　　　12920 日元

二月到期　　　13460 日元

三月到期　　　13740 日元

四月到期　　　14240 日元

通过简单计算可以得出，当前的限月差额是 2110 日元。这一差额最终会提高到 3000 日元以上，但是情况只发生在这种极端的价格波动中。当然，这就是我们所说的"期货的预见性"，也是股市走强的信号，对于未来股市的大势是一种暗示。

12. 触顶前的期货

前面的小节中我们举了几个例子，关于"买入方法"的角度出发的预见性，以及较大的限月差额（3000 日元）的期货价格变动的例子。但是这种期货的预见性，可能是早一天（一天的话当然有些极端，可能会迷惑到底是不是看涨的期货），也可能是早一周，或者是早一个月预见到。

而且，限月差额的扩大并不是"上涨的前兆"，而是期货暴跌前

第七章 强弱观和预见性

兆,这就是所说的"触顶前期货的看涨"。

我们以1973年7月13日小豆触顶后期货的暴跌为例,观测触顶前的走势。

6月20日

六月到期	13800日元
七月到期	14000日元
八月到期	14390日元
九月到期	14520日元
十月到期	14790日元
十一月到期	15800日元

可以看出当前限月差额是3000日元,14天后(7月13日)触顶时差额扩大到3190日元。当然期货的上涨幅度比较大,这表示期货人气鼎盛。

先前所述的,期货的看涨作为上涨的预见性,是中期积累买入的结果。1973年7月小豆触顶前,期货的看涨是即将触顶的预兆,是远期积累卖出的结果。

简单地说,就是可以从不同限月的期货中探寻到期货的预见性,可以将期货看作是股市的晴雨表。从时间上来说,遵从顺差额先卖的原则。也就是顺差额的期货的卖出往往更有市场。具体来说就是:期货的上涨即使因股市不同状况而不同,但也只是分为这两种情况:(1)远期的消极卖出,中期(近期)的积极买入;(2)远期的积极卖出,中期(近期)的消极买入。二者的共同点是不买入期货。

从期货的预见性看,买卖法的色彩要比K线法更浓重。接下来我们就从K线法出发研究期货的预见性。

13. 典型的顶

我们在这一章中主要论述了期货的预见性。接下来我们就论述期货的预见性何时出现。接下来我们看图 33 的 K 线图。

图 33

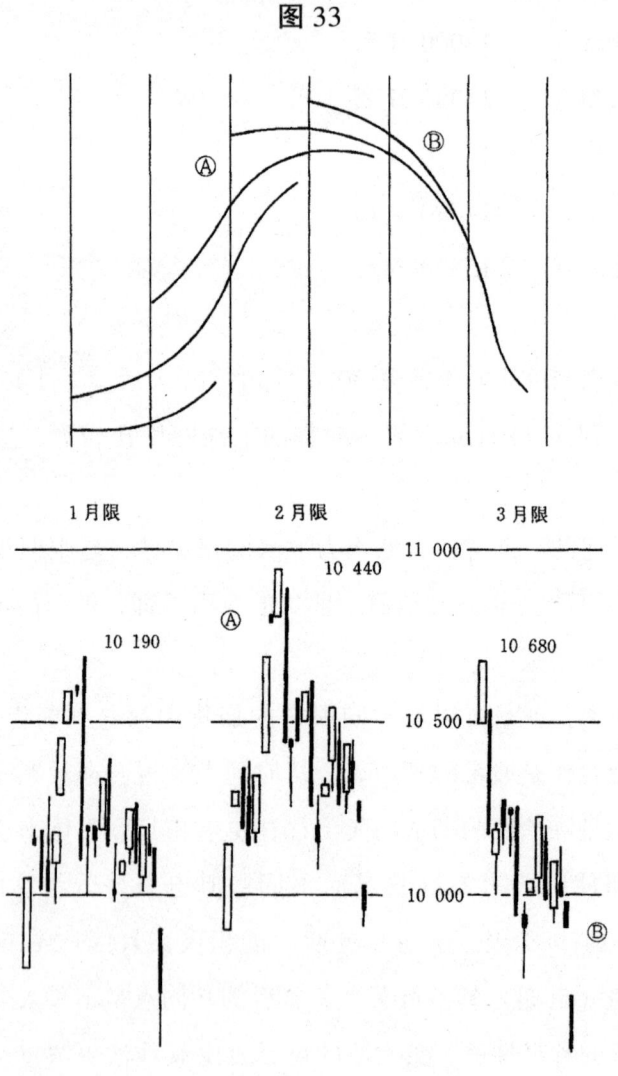

图 34

第七章 强弱观和预见性

这个图是为了将期货的变动,特别是暴跌,更易懂更典型化而作的合成。

竖线表示月,曲线表示各限月的变动。

在上升过程中,上涨的初期是期货的上涨,表示看涨的人气。在上涨末端,涨幅暴涨,不同限月形成如 A 一样的大的差额。

如果用 K 线图来表示的话就是图 34 的 A。期货涨幅较大,表示"大量买入"。

之后买方势力用尽,期货开始暴跌,也就是图 34 的 B。从图中也可以很明显地看出买方势力的衰弱。

这种变动几乎没有例外。从国外的商品图中也可以看出这一点。

这种与国外的比较,以及在江户时代国外 K 线尚未传入日本时对于限月差额的独立的研究,在 K 线论中并没有出现。

差额在以期货为指标的解说中常常出现,比如"期货的阴线高度""期货意外的上涨,开盘较低""期货收盘价拉低"。但是除此以外仅是在补充说明建玉法时出现,所以适用范围比较小,对于整个酒田 K 线法来说似乎有点隔靴搔痒的意味。

通读一遍酒田 K 线法就会感觉酒田是以顺势为主,但是如果仔细阅读就会感觉顺势、逆势占有同样的分量。要是再加上酒田新值的话,几乎就完全是逆势了。而通过建玉法也可以得知酒田 K 线法是以逆势为主的。

图 33 表示的是同样限月,但是出现了 A 和 B 两种不同的价格变动。图 35 表示的是 1974 年 7 月的顶部的价格波动。

在图 35 中,分别是八月到期和十二月到期的期货,是将两者的收盘价以五天为一个单位从 7 月 1 日开始的记录。可以明显看出 A 是期货的上涨,而 B 却是暴跌。

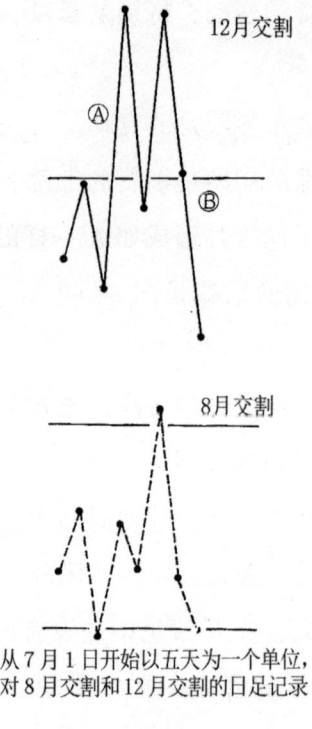

图 35

图 35 是 1974 年的小豆的顶,是大约一个月的走势缩略图。以五日为一个单位进行记录,看起来价格的变动有些忽上忽下,但是也同时明确地显示了价格变动的特征。

14. 确定预见性

接下来我们再重新审视一下图 35。

八月到期期货在上涨时期上涨虽然没有比之前的最高价高出很多,但是十二月到期期货却比之前的最高价高出很多。这是因为远期交割的上涨幅度要更大,不过也由此人气用尽。

在十二月到期期货中,有第一个顶、第二个顶,两个顶略微不等

第七章 强弱观和预见性

高，像个两只脚不等长的镊子，是典型的 M 型顶。

从人气上来讲，第二个顶的买方人气并没有高于第一个顶，就像冲击一个梦想但没成功一样。从 K 线角度讲，是"回光返照"，也就是暴跌前的上涨。

接下来我们分析八月到期期货。八月到期期货的第二个顶明显超越了第一个顶。不仅如此，第二个顶甚至超越了第一个顶所没有超越的高值，进入了新高值阶段。

以上这些就是期货的上涨阶段。期货所具有的预见性即将出现。

这些期货的上涨出现"很意外地不再上涨"的情况表现在 K 线上有各种各样的日足表现形式。

当然，到目前为止都处于"先卖"的阶段。

接下来我们讲述 B 部分。很明显 B 表示期货的暴跌。

近期交割（八月到期）暴跌后并没有低于之前的最低值，但是远期交割（十二月到期）暴跌后的价格却低于之前的最低值。从跌幅来讲，十二月到期的跌幅将达到八月到期的跌幅的两倍。

所以可能有人会疑惑，期货的暴跌与其说是预见性，不如说是暴跌确认了已触顶，这不是预见性而是"后见性"。

但是 K 线学家会讲，暴跌预示了今后将进入长长的下跌阶段，从这个角度讲就是"预见"。

这种说法虽然是以顺势为基调的建玉法的思考方法，但仅仅是酒田 K 线法的非常小的一部分。而且从以酒田的主流思想逆势为主导的对冲、卖出股等都可以看出之前的期货的上涨的预见性。

所以，在期货的暴跌阶段，必须建立所有的对冲卖出股。改变仓位可以通过以下三点达到：①将对冲变为行情疲软的卖出股；②重组各不同限月的卖出股；③舍弃剩余的买入股。

第八章
酒田K线法研究

1. 研究方法

前面的几章将通行本中的酒田K线法做了比较详细的一贯性的讲述。

在现实中，如果断章取义地解读买卖法（这里的买卖法是指在独立的酒田K线法这个系统中，伴随K线观测法的具有一贯性的买卖法），比如只谈底型或顶型，这势必会造成误解，无法正确指导实践，甚至误导实践造成不良后果。

美国的道氏理论、OBV理论、点线图（Point and Figure）、RSI指数等，这些理论也不是完全独立存在的。无论哪种理论都必须有以此理论为基础的K线的存在，甚至必须有K线的见解和买卖法。

所以，正如本书开头讲述的一样，即使酒田K线法不是本间宗久的创作也无所谓，重要的是我们要从本书中学习"如何买卖"。

我们在序言中曾讲到过，对于酒田日足、酒田K线法以及本间宗久遗训（《三昧传》）的著者是本间宗久这一问题存在很多疑点。

西航路的开辟、酒田米会所的历史、酒田港的构造、本间宗久的年谱等，不管从哪个方面看都和本间的股市经历不相契合。虽然有很多解说书将本间和这些事物牵强地扯在一起,但是略微想想就可以看出很多破绽。

所以,我们与其学习本间的经历或其言行,不如萃取通行本之精华,也许将酒田原本的具有一贯性的买卖法进行整理更有意义。

不过,接下来的章节将作为最后的机会稍稍对传说中的著者本间宗久先生做一简单叙述。

2. 本间古作

本间宗久的本名是本间古作。

在酒田人名录中本间古作有两项记载,其中之一便是本间宗久。

本间古作(又名久米、宗久)

酒田富豪本间久四郎的第三子。四郎三郎光丘的叔父,四郎三郎光丘少年时代的监护人。长期从事稻米交易,博取豪利,酒田家拥有万千家产,可以说本间宗久功不可没。及四郎三郎长大,宗久一家迁至江湖根岸居住,出入上野东叡山,成为轮王寺宫的家臣。将自家及东叡山资财出借予诸藩,获得豪利,被称为根岸的本间家。明和四年(公元1767年。译者注)被任命为松山藩(藩,大名领地。译者注)财务资政。安永八(九)年之时,因罪入狱。得松山藩酒井忠休之周旋得以脱身。娶妻新崛村加藤,未生子,收勘右卫门为养子。宗久将米市秘诀著为一书,题名为《本宗莫那剑》,简称《宗久传》。卒于坂本町随德寺,享和三年(公元1803年。译者注)8月30日,享年87岁。

本间古作(又名滋德、乐园)

江户根岸的富豪,本间光宪之子。曾任东叡山宽永寺执事。明治

第八章 酒田 K 线法研究

元年（公元 1868 年）上野战争开始，战火波及本间家，千万家资一夜成空。迁居至新崛，改姓为加藤。古作擅著述。卒于大正三年（公元 1914 年）11 月，享年 68 岁。

从以上叙述可以看出，本间宗久生卒年是 1717—1803，而本间古作的生卒年是 1847—1914，很明显前者才是传说中的酒田作者。

此文记述中，有很多隐晦不明之处。在下谷的随德寺确有其墓，而且附有照片，但这之外一无所知。

有本叫《真气学》的书中有关于在山形地区酒田的本间美术馆及本间旧宅的记述。但是很遗憾，这些关于本田家的记载漏洞百出，不足以取。总之，有关本间宗久的身世、事迹不明之处太多。

还有，《本宗莫那剑》此书只存在于酒田人名录，其他地方并没有出现过。

3. 不同的流派

酒田 K 线法是通过日足将股市观测法和买卖法相联系，建立了一个独立的系统。但是有些酒田系统之外的东西，也几乎都被称为酒田 K 线法。

比如说，人们看到日足、型之类的，往往就会想到是酒田 K 线法。酒田 K 线法是一个贯穿始终的体系，或者说是流传至今的一种理念或主张。

单纯地说买卖法，也不是像普通工种那样，学习一些必要的技巧再加以苦练就可以达到很高境界的。

观测法以日足为基础，而买卖法是以观测法为基础的。观测法的观察对象是酒田新值和型，所以可以说观测法和买卖法根同一源。

不同于以日足为基础的观测法和买卖法，以移动平均线为基础的观测法和买卖法二者之间并没有太多的联系，处于相互独立状态。

由于以上这些原因，再加上不可避免的个人因素在内，即使是同一个系统也会衍生出很多不同的流派。

在衍生出的不同流派中，个人觉得没有必要为哪个是本宗而争得头破血流。可以说，不管是哪个流派，都有其优势所在和劣势所在。我们何不放下门户之见，博采众长呢？

接下来再谈谈买卖法。不同的人用相同的相机拍照，照片会有截然不同的效果。不是相机的问题，是个人手腕能力的高低不同而已。

同样，这种因人而异的手腕和能力体现在买卖法上也是如此，个人素质占有很重要的地位。买卖法不是买一次就能中的彩票。众流派虽然都有些差别，但各流派不约而同都采用了分割买卖，所以还是有可能提高技艺的。

提高技艺需要活用我们之前讲过的内容，包括日足、日足组合、型、酒田新值等。

达到活用的过程大体是学习基础知识→反复练习→技艺的提高。

那么应该如何练习呢？如何将酒田 K 线法应用在我们的实践中呢？下一节我们来探讨这些疑问。

4．研究和练习

如果对于酒田 K 线法一无所知，那么应该从哪里开始学起呢？

有人会说，应该从买线和卖线开始学起。

有人会说，只要掌握好顺势或逆势其一便可。

有人会说，酒田新值是以逆势为主，所以应该从逆势开始学起。

有人会说，应该先依据市场的价格走势，绘出日足图。了解市场走势之后伺机而动。

有人会说，应该先从试探股开始着手，确定市场走势后投入本股。

有人会说，应该相时而动。时机到来时，拿出勇气着手买卖。这个时机就是酒田新值的折点（第十一个新值左右）。

有人会说，将资金分散开来。可以是六分法，也可以是九分法。其中，一部分的资金可以在中途低卖或者是把握好市场走向后伺机而动。

有人会说，古往今来，掌握股市技巧的方法有三种：其一是从试探股开始着手；其二是从限月差额开始着手建仓；其三是制定规模，依此规模进行买卖。三者取其一即可。

有人会说，掌握买卖法必须进行反复的练习。所以必须反复研读酒田K线法或买卖法，选择其一研究通透。这相对来说是一条捷径。

有人会说，要把握低买高卖的原则。低买的方法是，瞅准机会抓住低价阶段，或者是采取分割买入法取平均值。考虑到所承担的风险，推荐使用分割买入法。

有人会说，酒田K线法应该在书房里进行研究，而买卖应该在实践中进行练习。研究和实践并行效果会更佳。当然二者之中实践居首。

5. 排除空论

上一节中我们列举了种种方案，有没有贯穿其中的根本性的东西呢？

定本酒田战法

我想起了我刚开始学习酒田 K 线法时候的事情，感觉当时的学习方法还有些走极端的倾向。

最根本、最本质的东西还是有的。比如说前面有一条意见所说的练习炒股的三种方法，这三种方法也是抓住股市走势的三种方法。

这三种方法都与本质的东西相通。这也是以酒田 K 线法为基准，掌握买卖法的根本所在。

再次插入我以前经历过的一件事。当时我们研究部有六个会员，其中三人决定买入小豆的期货。200 日元的价格区间中各买两手，但是在中途三个人都放弃了。

原因是太害怕了，所以决定放手。三个人资历都不同，买卖的方法虽有差别但大抵相似。在开始之时三个人都想练练手，而且当时也是绝好的时机，所以决定一起动手。当时我也是下定了决心，但是还是放弃了。

当时每个人手上都有足够的资金，所以问题并不出在资金或追加保证金上。那么，拥有股数那么少，怎么还会害怕呢？

有勇气一下子买入 50 手，且在买入后跌幅达上千日元有勇气缴入追加保证金，能吃苦有忍耐力的人，怎么都没能对仅仅两手股票三次追加资金呢？

在商品市场摸爬滚打十年，拥有丰富的经验，也曾有过损失大量金额的经历。对于股市知深知浅，这样的人怎么会在中途放弃呢？

归根到底，是因为所掌握的知识还仅仅停留在书本层面。

大多数业余投资者都是如此。拥有很多有效知识，但是仅仅是知道这些知识，而并没有深刻了解、深刻体会，不能达到活用的境界。所以仅仅是"知道"，是没有任何意义的。

酒田 K 线法并不是书房里的空论，而是实践中实际操作买卖的方法。所以说，单单停留在"知道"的阶段是不行的，必须真正地掌握、理解才行。

6. 再谈酒田新值的统计

我们普通人都无法做到完全准确地预估股市走向，所以一般来说取平均收益是个不错的选择。要想取得平均收益需低买高卖。

从实践上来讲，应该是较低的平均价买入，较高的平均价卖出。但是因为买入和卖出同时分别用低价和高价进行买卖在操作上比较困难，所以重视低价买入的话在卖出时的操作就会相对简单，这样可以减小操作的难度。

在练习这一操作时，具体来说就是分三次各买入10手（2手也可），股价回升之后全部卖出这30手（或6手），反复练习。

我初学酒田法练习的时候，因为没有资金，所以只好分3回每次买入1手赚取平均值。这个过程我操作了数十遍，当时的记录虽然没有保存，但是记得在遭遇损失之时的操作是每次卖出三分之一。

作为初学者，练习是必不可少的。当时对于股市操作还比较生疏，所以获利也比较少，但是也有获利时狂喜的时候。

这种分割买入法的练习（根据个人喜好，有人会重视卖出所以也可以练习分割卖出）符合前面所讲的分割买卖法，而且和所有的买卖法也是相通的。了解了买卖法之后，我们需要掌握顺应股市趋势的方法。

为了说明这个问题，我们需要回到第二章"酒田新值的统计"。

酒田新值具有相当高的准确率。

在上涨趋势中，三支以内阴线结束下跌回调的情况，在1250回的下跌回调中达到86.6%，其他统计数据是在323回的下跌回调中达81.1%。

在下跌趋势中，第三个阳线新值结束上涨回调在1197回的上涨回调中占86.4%，其他统计的数据是在367回的上涨回调中占83.1%。

80%以上的准确率在纷繁复杂的股市中可以说得上惊人了。

所以在分割买入法中我们没有理由不利用酒田新值的高准确率。细细阅读本书，可以发现整本书是以基于丰富经验之上的逆势为主，以分割买卖法为基础贯穿起来的。

所以，酒田买卖法的基础和所有的买卖法的基础相同，都是以分割买卖法为基础建立起来的。

7. 切勿纸上谈兵

有个自称是K线大师的人曾经说过："人都是有私欲的。自身投身股市买卖之时，总是被自己的欲望遮住眼睛，做出错误判断，所以我放弃了股市，转而做股市的研究。"

这话听起来好别扭，显然自相矛盾。这如同在说，"我下棋时总想赢，好胜心太强致使我常常失误。所以我不再下棋而转做研究"，或者是"练习钢琴很辛苦。所以我不练习钢琴，转而做对弹钢琴的研究"。

实际上只有克服了自身的欲望和懒惰才能成为"实践者"。如果没有实践，一切研究都只是纸上谈兵。所以这位K线大师的研究总不过是些没有价值的空谈。

还有一些人不断地研究，探索了很多方法，但从来都没有真正实践过，这种人也可笑也可悲。

还有些人发现了一种比较好的买卖法，按照这种买卖法进行了一些买卖，但进行得并不顺利，最后失败了。明明是自己对这种买卖法没掌握好，但却认为这种买卖法并没有成效，所以放弃此买卖法转而寻找另一种买卖法。

当然即使使用另一种买卖法也无法逃脱相同的命运。所以一直苦苦地追寻，却没有任何成果。

所有的技艺，刚开始的时候肯定都比较生疏，把握不好，但是慢慢地会一点一点习惯，然后通过意志力和努力加以磨炼，最后才能达到炉火纯青的地步。练习是所有登上技艺巅峰的必经之路。

在一本关于高尔夫的书上，作者有以下的感受。个人觉得颇为在理，拿来和大家分享：

"有些人见的比较多，所以有很多可以提高自己技术的机会，同时也知道很多窍门等小知识。但是这些人的技术不见得都很高明。原因是所谓'擅长'某事不是说知道就可以了，还必须会才行。"

8. 误解和赞誉

酒田 K 线法是以 K 线为基础，将观测法和买卖法结合成一个有机系统的见解、规则和操作方法。

酒田 K 线法既包括基础性、初级的对股市的见解、操作方法，又涵盖了专业性的逆势对冲，内容比较丰富，覆盖面很广。

所以，单单读完这本书就想很快地学会建立对冲还是比较困难的。

即使是难度适中的分割买卖法，有些人利用酒田新值进行分割买卖，进行数次买卖之后才领会了此种操作方法。

不管是谁，从一开始都不善此道。但是我们可以寻找一种方法缩短学习的阶段，加快掌握的进程。当然，这种方法不是说一下子就可以使初学者提升到一个很高的阶段，而是让我们的学习和努力更加合理也更加有效。

学习酒田K线法的人群中，掌握程度和理解程度不同，对于酒田K线法的态度也大有不同。有人认为酒田K线法至高无上，而有人却认为毫无价值，可以说酒田K线法同时拥有误解和偏见、赞赏和蔑视。

酒田K线法的研究越贴近实践，越被有些评论家认为是一纸空论，越是被贬低。

仔细想想，随它去吧，作为研究者，只要我们保持实践者的觉悟，努力提高自己的技艺就行了。流言止于智者，酒田K线法终会显出它强大魅力的。

9. 一步一个脚印地往前走

对于学习酒田K线法的各位来说，大家不要因为觉得掌握了"卖线""买线"的诀窍就大惊大喜，也不应该仅仅出于兴趣而只追求一些零散的知识。对于酒田学习者来说，最重要的是踏踏实实地学习酒田技法，加以磨炼提高技艺。

所以，非常希望大家能够踏踏实实地做研究，勤勤恳恳地多实践，一步一步往前走，一个台阶一个台阶地往上爬，只有这样技艺才能得以提高。

就像前面有关高尔夫书的作者所说的那样，仅仅停留在"知道"

第八章 酒田 K 线法研究

的阶段是远远不够的，必须在"知道"的基础上加以实践，否则就成了那个只做研究而放弃实践的"K 线大师"了，而这一点是我最不想看到的。

这本定本酒田 K 线法是各通行版本的集大成者，立足于实践，记述了贯穿始终的股市技法，即酒田的买卖法。

大家学习此书、应用此书，是要成为一个语言尖刻但无实践能力的评论家，还是立志成为一名着眼于实践、富于实践经验的投资者，这就依大家个人而定了。

酒田 K 线法的解说到此结束，祝大家成功。

后 记

对于酒田K线法有一定了解的人,特别是了解一些其他系统的有关酒田新值的计算方法和日足组合的读者,读到此书时可能会觉得此书中的方法和其他系统的方法甚是不同,感觉颇为奇怪。

但是通过我们统计得出的高准确率,我想大家应该能理解并接纳这种"奇怪"但又很灵验的方法了吧。

我对酒田K线法持有的态度一直是必须进行实践操作,否则就是毫无意义的一纸空论。

所以,考虑了日足组合以及股市强弱的预见性,"顶型"和"底型"共用了逆势和顺势,酒田新值的计算方法也是从各种版本中选取了最接近原型和最符合统计结果的新值计算方法。目的就是为了实用,为了大家在学习和练习时,即使是难度比较大的追加也能够没有疑惑,很顺利地上手。

这本书重点着眼于"实践",和实践贴合紧密,在这一点上我颇感欣慰和自豪。

但是本书各章节疏密不一,有些地方可能记述不到位,在此向大家致歉。

最后,我还想在此强调一点,有很多人有丰富的知识,但是动手能力却很差,我希望大家不要成为这样的人。大家都知道酒田K线法是以逆势为主的买卖法。只要根据酒田新值多多练习建仓、加仓，谁都可以掌握基本的建仓和加仓方法，在这练习的过程中，动手能力和实践能力也会大大提高。

切记多练习、多实践。实践出真知。